久賀島

糸串鼻

半泊教会 P.34

民宿よしかわ P.133

崎公園 P.59

観音平

宮原教会 P.35

旧海水浴場 P.54

宮原

岐宿温泉 P.62

162

戸岐

堂崎教会 P.35

魚津ケ崎荘 P.133

堂崎民俗資料館 P.61

民宿あびる P.65

奥浦港

ドンドン渕 P.61

奥浦

ねこたま Shop & Cafe P.67

384

河務

浦頭教会 P.35

会

ラインレンタカー P.131

五島手延うどん おっどん亭 P.66

ビジネスホテルいりえ荘 P.133

長崎五島 ごと P.68

島の宿 ごとう屋 P.133

産直市場 五島がうまい P.67

ごとう屋レンタカー P.131

うまい 農家レストラン P.66

福松楼 P.133

マヤファクトリー P.67

軽自動車レンタカー椿 P.131

ザリーマリア P.67

大荒

福江港

スホテルファイブ・テン P.133

福江中心部 P.58

五島ゲストハウスビジネス海星 P.68

テル ライトハウス P.133

ビハーラ五島 P.133

カースタレンタカー P.131

明星院 P.62

寿し善 P.63

スマイルレンタカー P.131

27

ペンションゴンハウス P.133

民宿坂の上 P.133

三井楽水産 鬼鯖店 P.67

ソトノマ P.66

鬼岳四季の里 P.68

大浜海水浴場 P.54

五島植物産 館 P.68

福江空港

五島市椿園 P.60

香珠子海水浴場 P.54

小泊

鬼岳天文台 P.55

165

カフェレストラン木馬 P.66

椿茶屋 P.65

五島コンカナ王国 P.69

鬼岳温泉 P.62

鎧瀬ビジターセンター P.60

五島ワイナリー P.67

鎧瀬溶岩海岸 P.60

49

鬼岳 P.55

富江湾

民宿としまる P.133

富江港

江

多郎島海水浴場 P.54

多郎島公園(さんさん富江キャンプ村) P.61、131

只狩山展望所 P.60

黒島

笠山崎

小牧部島

小板部島

黄島

大板部島

🟠	観る・遊ぶ
Ⓡ	食事処
Ⓢ	みやげ物店
Ⓗ	宿泊施設
Ⓐ	アクティビティ会社
卍	寺院
✚	教会
♨	温泉
❗	観光案内所

Map ③ 中通島

凡例
- 観る・遊ぶ
- 食事処
- みやげ物店
- 宿泊施設
- アクティビティ会社
- 神社
- 教会
- 観光案内所

潮和崎鼻公園 P.91

米山教会 P.32

沖知教会 P.32

赤波江教会 P.32

江袋教会 P.32

小瀬良教会 P.32

大水教会 P.32

五島列島リゾートホテル マルゲリータ P.95

空と海の十字路 P.92

つばき体験工房 P.85

218

Map ④ 青方中心部

凡例
- 食事処
- 宿泊施設
- 教会

青方教会 P.32

前田旅館 P.133

栄旅館 P.133

永田旅館 P.133

メアリー モーガン P.93

メルカビィあおかた P.94

宿泊まりの宿 しらはま P.133

Hotel Aoka Kamigoto P.95

Restaurant Umigoto P.92

200m

0   200m

N

頭ヶ島天主堂 P.33

坂本龍馬ゆかりの広場 P.91

崎浦友住地区の文化的景観 P.111

崎浦赤尾地区の文化的景観 P.111

五島灘酒造 P.29

有川中心部 P.90

有川港

GO鳥レンタカー P.132

鯛ノ浦教会 P.33

鯛ノ浦港

いづみや旅館 P.133

賽さの宿小串 P.133

青砂ヶ浦天主堂 P.32

SVN+ P.94

丸尾教会 P.32

ホテル メリッサ P.95

ラ・メールヴィラ魚竹 P.133

旅館 三光荘 P.133

海舟 P.93

竹野亭 本店 P.93

民宿 さつま屋 P.133

ニコニコレンタカー 新上五島店 P.132

ダストハウス椿丸 P.133

旅の宿 やかため P.95

すし処 鯛 P.92

寿司処 真寿美 P.132

宮崎自動車レンタカー P.132

中通島

青方中心部 左上 P.90

矢堅目公園 P.91

矢堅目の駅 P.94

冷水教会 P.32

レンタル アンド リース大浦 P.132

民宿 クロスの島 P.133

民宿 こより P.133

青方港

民宿 あした荘 P.133

跡次教会 P.33

貫手ノ浦教会 P.33

船崎うどん伝承館 P.85

大曽教会 P.33

五島ダイビングセンターグレイスばてぃー P.83

真手ノ浦教会 P.33

佐野原教会 P.33

船崎海水浴場 P.84

猪ノ浦教会 P.33

焼崎教会 P.33

Map① 福江島

姫島

空海記念碑 辞本涯 P.61
三井楽教会 P.35
高崎草原 P.61
柏
高崎
高崎鼻

渕ノ元カトリック墓碑群 P.61
538ステンドグラス工房 P.56
長崎鼻
五島三井楽サンセットユースホテル P.133
三井楽
民宿 久保 P.133
五島列島酒造 P.28
民宿西光荘 P.70
道の駅 遣唐使ふるさと館 P.61
みいらく万葉村 P.66

民宿 登屋 P.133
三井楽港
打折
水ノ浦教会 P.35
城岳展望所 P.60
打折教会 P.35
大川原
白良ヶ浜万葉公園 P.60

魚津ヶ
浜
民
岐宿
楠原
P.3
福江
志田尾
松山
産直市場 五島

嵯峨島教会 P.35
嵯峨島 P.59

貝津教会 P.35
魚籃観音 P.59
高浜海水浴場 P.54
頓泊海水浴場 P.54
貝津港
貝津
頓泊

黒瀬崎

丹奈
とうがらし P.65
▲431
七ツ岳
柿の木場

居川
坂の上
寺脇

ビジネ
コンドミニアム

島山島
小浦海水浴場 P.54
小浦
玉之浦教会 P.35
民宿たまのうら P.133
井持浦教会 P.35
大瀬崎灯台 P.59
立谷

山浦崎
ネドコロ ノラ P.70
民宿みやこ P.133
中尾
二本楠
繁敷
繁敷教会 P.35
Nordisk Village Goto Islands P.69
玉之浦湾
玉之浦
中須
幾久山
上ノ平

出口さんご P.57
富江温泉センターたっしゃかランド P.62
ラーメン敏 P.65

小川
民宿はまべ P.133
大宝寺 P.62
太田
長峰
山手
松尾
天保

力尾崎
美郎島
津多羅島
山下

N

0　　　2　　　4km

Map② 小値賀島・野崎島

野崎島

沖ノ神嶋神社
王位石

北崎展望台 P.81
北ノ崎
軍艦瀬
野崎島
野崎集落 P.81
旧野崎集落 P.81
野崎ダム
野首港
瀬戸浦港
(はまゆう発着所)
電ノ鼻
旧舟森集落
野首教会 P.32
旧野首学塾村 P.81
野崎島自然学塾村 P.84
野首海岸 P.84

小値賀島

飯ノ崎
北ノ浜
野崎海水浴場 P.84,100
カキの浜海水浴場 P.84,100
谷商店マリン(集合場所) P.83
愛宕山園地 P.100
民宿愛宕 P.103
柿の浜海水浴場(集合場所) P.84
古民家レストラン敬承薮松 P.102
地ノ神島神社 P.101
長寿寺 P.101
小値賀空港(休業中)
244

赤浜海岸 P.100

即方郷
小値賀自動車整備工場 P.132
牛の塔 P.100
船瀬海水浴場 P.84,100
小値賀島

小長崎
小長崎鼻

長崎鼻 P.100
五両ダキ P.100
浜崎鼻
古民家 一念庵 P.87
古民家 一念庵 P.87
柳郷
古民家 親家 P.86
姫の松原

小値賀港

黒島

小値賀西高校
北松西高校
北松西高校分校
浜津郷
小値賀教会 P.32,101
福崎モータース P.132
川原郷
竹鼻

161
225

笛吹郷
笛吹郷中心部 P.99

ポットホール P.100
サンセットポイント P.101
斑島
斑郷
玉石鼻

N
0 0.5 1km

観る・遊ぶ
R 食事処
H 宿泊施設
A アクティビティ会社
卍 寺院
神社
╬ 教会

船隠教会 P.33

希望の聖母像 P.91

浜串教会 P.34

福見教会 P.34

高井旅海水浴場 P.84

トヨタレンタリース奈良尾店 P.132

奈良尾観光情報センター P.94,134

五島列島リゾートホテル マルゲリータ奈良尾 P.95

つた や旅館 P.133

中ノ浦教会 P.34

若松大浦教会 P.34

高井旅教会 P.34

桐教会 P.34

奈良尾レンタカー P.132

民宿あらた P.133

米山展望台 P.91

奈良尾神社 P.91

上中島公園

奈良尾港

若松島

4km

N

2

0

D

C

B

A

5

6

美しき教会に心魅かれる

祈りの島

五島列島

GOTO

福江島　久賀島　奈留島　中通島
若松島　小値賀島　宇久島

五島列島へようこそ！

五島列島で暮らし、島を愛する皆さんが、
五島の魅力やおすすめの楽しみ方を
教えてくれました♪

\島のお祭りを
見に来てね！/

\五島市のブランド牛を
味わって♪/

繊維が細かく霜降りの
バランスがいい五島牛は
ステーキに最適。
甘い肉汁が
口いっぱいに広がります

宇久島は1年を通して
イベントがたくさん。
みんな晴れ姿で
盛り上がっています

宇久島
P.104

宇久島の皆さん

福江島
P.63

和風レストラン 望月
望月 政一郎さん

\手作りのロザリオを
見に来てください/

\愛岩山からの
眺めはサイコー！/

教会は祈りの場。
信仰の歴史を知った上で
観光すると、
また違った発見が
ありますよ

福江島
P.67

ロザリーマリア
本山 孝雄さん

地ノ神島神社の
前の砂浜に立つと、
海を挟んだ向こうの
野崎島に神秘的な
王位石が見えますよ

小値賀島
P.101

tan tan
山本 麻由さん（左）
かすみさん（右）

小値賀の人は
みんなフレンドリー。
路地裏を歩いて、
島民との会話や交流を
楽しんでください

小値賀島
P.134

おぢかアイランドツーリズム
木寺 智美さん

\ツルツルの
五島うどんを
ご賞味あれ！/

\福江島には
カッパ伝説が！/

輝く海に包まれた中通島。
特に頭ヶ島天主堂の周辺は、
白い砂浜と緑の木々が
美しさを引き立てます

大円寺のカッパ池や
三井楽のカッパの足跡
など、カッパの伝説が
各所に残ってます

中通島
P.93

麺's はまさき
浜崎 祥雄さん

福江島
P.62

大宝寺
稲生 真紀さん（左）
弘雅くん（右）

手作業で作る五島うどん。
製麺所ごとに違うコシや味を
食べ比べてください

五島うどんの食感を楽しんで

中通島
西下製麺所
平塚 国明さん

ウミガメにも
会えますよ♪

美しい入江がいくつも
連なる奥浦の海岸線。
ドライブしながら
ベストスポットを
探してみて

福江島
P.67

無農薬野菜を
作ってます

ねこたま Shop & Cafe
坂本 泰子さん

上五島は人気の
ダイビングエリア。
水中アーチや
回遊魚の群れが
圧巻です

中通島
P.83

五島ダイビングセンター・ナイスばでぃー
今田 奈津美さん

五島は島の人が
温かい。
話しかけてみては？

福江島の北部にある、
高崎海岸がおすすめ。
真っ白な砂浜は絶品です。
映画のロケ地にも
なったんですよ

福江島
P.70

Serendip Hotel Goto
岡本 佳峰さん

五島列島の自然を
満喫してください♪

若松島の北西に
浮かぶ日島は、
人が少なく自然がいっぱい。
海水浴場も
きれいです

中通島
P.94
Re-harmo Cafe
佐々木 雄大さん

鬼岳は夜がおすすめ！
空を埋め尽くすほどの
星が見られ
感動します

若松島周辺では
タコやカツオのほか、
養殖のブリが
有名なんですよ

若松島
タコ漁師
浦本 一男さん

青い海で取れた
魚介類は最高

おいしい魚を
用意してます！

やっぱり海が
おすすめね。
晴れた日は、
柿の浜海水浴場が
別世界のような美しさ

小値賀島
P.103
民宿千代 女将
中村 千代子さん

福江島
P.68
長崎五島 ごと
藤屋 匠さん

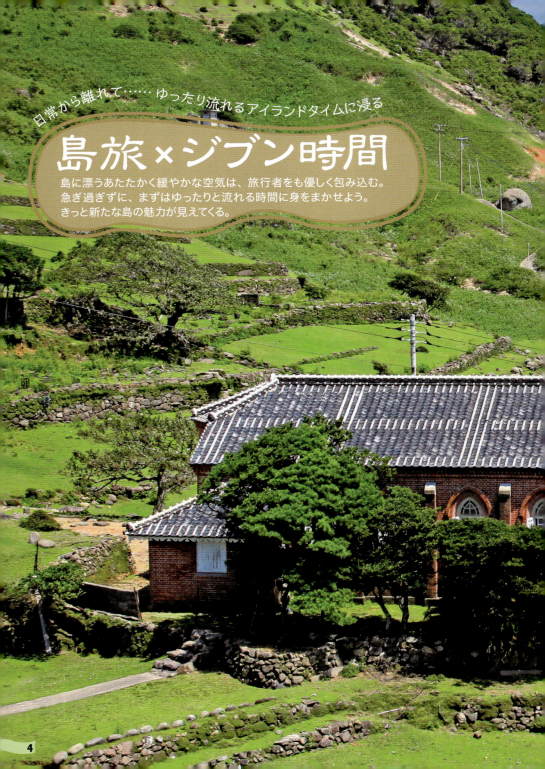

日常から離れて……ゆったり流れるアイランドタイムに浸る

島旅×ジブン時間

島に漂うあたたかく緩やかな空気は、旅行者をも優しく包み込む。
急ぎ過ぎずに、まずはゆったりと流れる時間に身をまかせよう。
きっと新たな島の魅力が見えてくる。

無人となった野崎島の高台に立つ、れんが造りの旧野首教会。教会を含む野首集落は世界遺産に登録されている

1

Church

人々の信仰を支えた祈りの場

長いキリシタン弾圧の時代が終わると、信者たちは自由な信仰の喜びを教会建築へと注いだ。
わずかな蓄えのなかから資金を持ち寄り建てられた教会は、今でも大切に使われている。

2

4

6

3

5

1. フランスのルルドから霊水を取り寄せ注いだ井持浦教会のルルド
2. 1987年創建の井持浦教会。当時は1日がかりでミサに訪れる信者もいた
3. 世界遺産に登録された奈留島の江上集落にたたずむ江上天主堂
4. 福江島の堂崎教会には二十六聖人事件で殉教したヨハネ五島の像が
5. 1881年に建てられた浜脇教会を移築した久賀島の旧五輪教会堂
6. 頭ヶ島教会堂の前には弾圧のなかで生きた信者たちの墓地が広がる

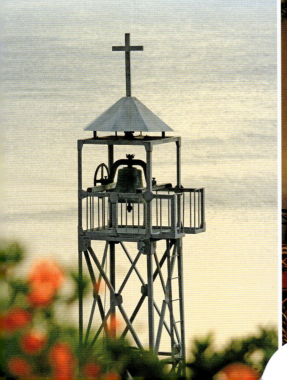

上／水辺に立つ美麗な中ノ浦教会。折上天井のツバキの装飾が特徴
左下／中通島の高台から海を望む江袋教会。鐘塔が夕日に染まる
右下／ステンドグラスの光に包まれた、青砂ヶ浦天主堂のマリア像

1

Nature

心を揺さぶる大自然のアート

人間にとって、ときに恵みをもたらし、ときに脅威ともなる大自然。
長い時間をかけて造られた多彩な自然景観は、見る人の心に響く。

2

4

6

3

5

1. 緑豊かな山に守られ、美しい表情を見せる福江島の高浜海水浴場
2. 小値賀島の穏やかな海でカヌーに挑戦。初心者でも楽しめる!
3. お椀のような形の鬼岳は、市民に愛される福江島のシンボル
4. 魚津ヶ崎公園では季節ごとにヒマワリやコスモスなどの花が咲く
5. 福江島の玉之浦町で発見され、縁起物として珍重される玉之浦椿
6. 潮が引くと、沖の小島まで岩盤の道が浮かび上がる奈留千畳敷

左上／朱を帯びた火山礫が独特な景観を見せる小値賀島の赤浜海岸
左下／小値賀島の長崎鼻と呼ばれる草原では和牛が放牧されている
右上／宇久島の北岸、五島最北端に立つ対馬瀬灯台は島のシンボル
右下／矢堅目の岩越しに沈む夕日は、中通島きっての美景スポット

1

Culture

【島旅×ジブン時間】

複雑な歴史が育む島カルチャー

雄大な海に囲まれた島々は、本土とは異なる風土、歴史により独自の文化を育んできた。
自然とともに生きる島人たちのカルチャーに触れれば、島旅がより思い出深いものになる。

2

3

4

5

6

1. そそり立つクジラの骨の鳥居に守られた、中通島の海童神社
2. 中通島の友住地区に残る五島石の小路。重要文化的景観のひとつ
3. 中通島には、上五島神楽と有川神楽のふたつの神楽が伝わってい
4. 福江島には日本最後の城の異名をもつ福江城（石田城）の跡が
5. サツマイモを天日で干した五島列島伝統のおやつ、かんころ
6. 小値賀島の民泊は暮らすように過ごす新しい旅スタイルとして評判

左上／遣唐使時代に嵯峨島に伝わったとされる念仏踊りオーモンデー
左下／釜揚げの五島うどんをアゴだしで食べる地獄炊きは必食！
右上／小値賀島のイサキ「値賀咲」をはじめブランド魚も楽しみ
右下／漁場を守るため、増えた大型のウニ、ガンガゼを駆除する

地球の歩き方
JAPAN
島旅 01

五島列島 GOTO
contents

本書の見方

使用しているマーク一覧

交 交通アクセス
バス停
住 住所
電 電話番号
問 問い合わせ先
時 営業・開館時間
所要 所要時間

休 定休日
料 料金
客室 客室数
カード クレジットカード
駐車場 駐車場
URL ウェブサイト
予約 予約

観る・遊ぶ
食べる・飲む
買う
泊まる
voice 編集部のひと言
旅人の投稿

地図のマーク

観る・遊ぶ
R 食事処
S みやげ物店
宿泊施設
A アクティビティ会社
教会

寺院
神社
温泉
観光案内所
学校

ひと目でわかる五島列島

長崎県西部に浮かぶおよそ 150 の島々からなる五島列島。
福江島から奈留島までを下五島、若松島と中通島以北を上五島と呼ぶ。
まずは五島列島の全体像と基本情報をチェック！

ココ！

島へのアクセス
※詳しくは P.128

大型客船
博多港から宇久島、小値賀島、中通島、奈留島、福江島を縦断するフェリーが発着しているほか、佐世保港から宇久島、小値賀島、中通島、また長崎港から中通島、奈留島、福江島にフェリーが運航している。長崎港から福江島は約 3 時間 10 分、佐世保港から中通島は約 2 時間 35 分。

高速船

船内での動きは制限されるが、効率的に移動するなら高速船がおすすめ。佐世保港から宇久島、小値賀島、中通島、また長崎港から福江島と中通島に高速船が運航している。佐世保港から中通島まで約 1 時間 20 分、長崎港から福江島まで約 1 時間 25 分。

飛行機

福江島へは、長崎と福岡から全日空とオリエンタル・エア・ブリッジの直行便が運航している。所要時間は長崎から約 30 分、福岡から約 40 分。1 日に数便あるので乗り継ぎのよい便を選べる。

全国の自治体が注目！   P.99

小値賀島
おぢかじま

起伏の少ない平坦な地形に恵まれ、古くから人々が住んでいた歴史ある島。古民家ステイなど新たな旅スタイルが地域活性化の成功例として注目される。

必見 柿の浜海水浴場 →P.100
北部にある白砂の海岸。アクティビティのフィールドにも使われる。

美しい自然に恵まれたのどかな島   P.96

若松島
わかまつじま

中通島と若松大橋でつながった漁業の島。潜伏キリシタンゆかりの地として知られ、キリシタン洞窟など関連史跡が残っている。

必見 龍観山展望所 →P.97
緑の島々が入り組む若松瀬戸を一望する島随一の展望スポット。

美景に恵まれた五島列島の中心地   P.58

福江島
ふくえじま

飲食店や宿泊施設が多い五島列島最大の島。鬼岳が見守る福江港周辺はかつて城下町として栄え、福江城跡などの史跡が見どころ。

必見 大瀬崎灯台 →P.59
西海岸の断崖の先端に立つ灯台。紺碧の東シナ海がパノラマで広がる。

気になる
ベーシックインフォメーション Q&A

Q 何日あれば満喫できる？

A 1泊2日からOK
福江島や中通島のみの滞在なら、1 泊 2 日あれば主要観光スポットを回れる。小値賀島や奈留島など 2 島滞在の場合はもう 1 日欲しい。もちろん、島はのんびりとした長期滞在にもぴったり。

Q ベストシーズンはいつ？

A 夏の7〜8月が人気
マリンスポーツに最適なのは 7 月から 8 月。観光には 4 月から 10 月くらいまでがよい。冬は海が荒れるが、魚介のおいしさは格別。夏は予約が取りにくいので、時期を外して訪れるのもよい。

Q 島巡りのおすすめルートは？

A 福江島か中通島を中心に
下五島は【福江→久賀→福江→奈留】、上五島は【中通→小値賀→宇久】、列島横断なら【福江→奈留→若松・中通→小値賀→宇久】など。詳しくは P.130 へ。

ゆったりと時間が流れる癒やしの島 P.104

宇久島
うくじま

必見
対馬瀬灯台
→P.105
北部の草原に立つ
白亜の灯台。夕日が
美しく、星空観賞に
もぴったり。

佐世保市に属するが、地理的
には五島列島の最北端に位置
する。かつては交易の要所と
して栄え、多くの史跡が残る。

25以上の教会が残る祈りの地 P.90

中通島
なかどおりじま

必見
頭ヶ島天主堂
→P.33
世界遺産の構成資
産のひとつ頭ヶ島集
落に立つ石造りの重
厚な教会。

新上五島町に属し、上五島と呼
ばれることも多い。複雑に入り
組んだ海岸線が続く島内には、
美しい教会がいくつも残る。

悲しい史実が伝わるツバキの島 P.71

久賀島
ひさかじま

美しい海岸線が延び
る島は、ヤブツバキ
が繁茂する豊かな自
然が魅力。激しいキ
リシタン弾圧の歴史
をもち、今も巡礼者
が訪れる。

必見
旧五輪教会堂 →P.72
世界遺産の構成資産の
ひとつ久賀島の集落に
立つ。国の重要文化財。

複雑な海岸線に守られた素朴な島 P.74

奈留島
なるしま

五島列島の中心に浮かび、深
く切れ込んだ入江が連なる景
観が印象的。世界遺産の江上
天主堂が注目されている。

必見
江上天主堂
→P.75
木々に覆われた木造建築
の教会。世界遺産の構成
遺産、江上集落に立つ。

（地図の地名）
対馬瀬灯台　牧崎
宇久島
長崎鼻
柿の浜海水浴場　平港
納島
小値賀島　160
小値賀港　161　野崎島
野首港　野崎港
津和崎鼻　旧野首教会
218
立串鼻
高崎　32
奈摩漁港　170
青方港　有川港　62
野崎　384　頭ヶ島天主堂　頭ヶ島
中通島　友住港
龍観山展望所
有福島　若松島　22
若松港　384
169　46　商人鼻
白崎　網代鼻
折紙鼻　江上天主堂　福見港
蕨港　168　奈留ターミナル　奈良尾港
奈留島　佐尾鼻
旧五輪教会堂　前島
久賀島　末津島　仏崎
田の浦港　167　椛島
姫島　金剛崎
糸串鼻　奥浦港
柏崎　屋根尾島
長崎鼻　233　福江海域公園
貝津港　31　162　福江港
観音崎　高浜海水浴場　384
嵯峨島　父ヶ岳　461　福江島　27
黒瀬崎　27　49　福江空港
315　鬼岳
49　165
大瀬崎灯台　富江港
384
大宝崎
笠山崎

N

0　5　10km

15

五島列島の島ごよみ

平均気温 & 降水量

※参考資料 気象庁ホームページ
www.jma.go.jp/jma/index.html
※気象庁福江特別地域気象観測所における
1981 〜 2010 年の平均値
※海水温：中通島

	1月	2月	3月	4月	5月

五島（福江）
— 平均気温（℃）
— 最高気温（℃）
— 最低気温（℃）
降水量（mm）

東京
┈ 平均気温（℃）
降水量（mm）

最高気温（℃）：10.6 / 11.5 / 14.4 / 18.8 / 22.7
平均気温（℃）：7.4 / 8.1 / 10.7 / 14.7 / 18.6
最低気温（℃）：3.9 / 4.2 / 6.5 / 10.3 / 14.5
降水量（mm）：98.9 / 105.9 / 184.1 / 236.7 / 243.9

海水温	17〜18℃	16℃	17℃	18〜19℃	20〜21℃

オフシーズン

シーズンガイド

冬 12〜2月
冷たい風が吹き、海が荒れる冬。しかしクエやアオリイカなど冬が旬の魚介が多く、グルメには最高のシーズン。

春 3〜5月
3月は朝晩冷えるが、4月に入ると上着のいらない暖かい日が増える。5月は20℃を超える日も多く、町歩きにぴったりな季節に。

梅雨入り前の5月は狙い目！

お祭り・イベント
※詳しくはP.114 へ

戸岐神社例祭（福江島）
猿田彦（天狗）や翁、媼が集落を歩いて回る

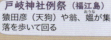

ヘトマト（福江島）
未婚女性をのせた長さ3mの大草履を奉納する奇祭

ほたるのふるさと
相河川（あいこがわ）でホタルの

五島椿まつり（福江島）
食イベントやライトアップなどで盛り上がる

見どころ・旬のネタ
※詳しくはP.127 へ

クエ

ヤブツバキ

菜の花

山桜

イサキ

キビナゴ

マアジ

五島ルビー（トマト）

ウニ

南から上がってくる対馬暖流の影響で、夏は涼しく冬は暖かい五島列島。
平均気温は東京とほとんど変わらず、最高気温と最低気温の幅が狭い。
南国のイメージがあるが、きちんと四季があり冬は雪が降ることも。
冬でも佐世保より2〜3℃暖かいが、海が荒れるため旅行は春〜秋がおすすめ。

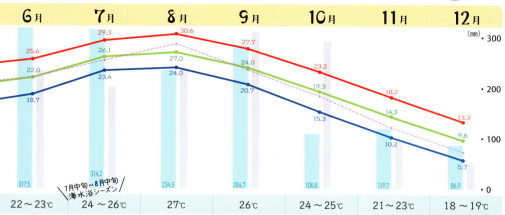

6月	7月	8月	9月	10月	11月	12月

(mm)・300
・200
・100
・0

25.6 / 29.3 / 30.6 / 27.7 / 23.2 / 18.2 / 13.3
22.0 / 26.1 / 27.0 / 24.0 / 19.3 / 14.3 / 9.6
18.7 / 23.4 / 24.0 / 20.7 / 15.3 / 10.2 / 5.7

317.5 / 314.2 / 234.5 / 284.7 / 108.8 / 119.7 / 86.9

7月中旬〜8月中旬
海水浴シーズン

22〜23℃	24〜26℃	27℃	26℃	24〜25℃	21〜23℃	18〜19℃

オンシーズン　　　　　　　　　　　　　　　　　　　　オフシーズン

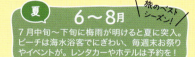

夏　6〜8月　旅のベストシーズン！
7月中旬〜下旬に梅雨が明けると夏に突入。ビーチは海水浴客でにぎわい、毎週末お祭りやイベントが。レンタカーやホテルは予約を！

秋　9〜11月
暑さがやわらぐ快適なシーズン。観光客が減り落ち着いて過ごせるため、この時期狙いのリピーターも。11月は朝晩冷えるので注意。

Go to ゴトー！

と相河川まつり（中通島）
乱舞を観賞。屋台なども出店

チャンココ踊り（福江島）
半袖襦袢に腰みのなど南方系の踊りを思わせる
オーモンデー（嵯峨島）
遣唐使時代に中国より伝わったとされる念仏踊り

蛤浜で遊ぼデー＆白砂の芸術祭（中通島）
蛤浜で地引き網や五島うどん早食いなどを開催

チャーチウィーク in 上五島教会コンサート（中通島）
聖堂に響き渡る管弦楽を堪能する贅沢な時間

五島列島夕やけマラソン（福江島）
夕日を浴びながら走るハーフと5kmマラソン

🌿 夏祭りのシーズン　　　　　　　　🐟 クエ

🌿 海水浴のシーズン　　　　　★ ハチクマの渡り

🐟 カットッポ（ハコフグ）

🌿 トレッキング、登山のシーズン　　　🐟 キビナゴ

🍊 五島ルビー（トマト）

🐟 アオリイカ

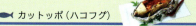

優美な教会に守られた個性豊かな島々

五島列島をもっとよく知る Keyword

対馬暖流に包まれ150kmにわたって連なる五島列島。素朴な島々には可憐な花をつけたヤブツバキが自生し、人々の信仰を支えてきた教会が静かにたたずむ。

教会
Church

美麗な姿が心に響く
世界遺産の集落に立つ教会

2018年7月に世界遺産に登録された「長崎と天草地方のキリシタン関連遺産」。12の構成資産のうち、4つの集落は五島列島にある。禁教令が解けるとともに建てられた教会には、激しい弾圧に耐えた信者たちの喜びが宿る。→ P.30

奇祭
Unique Festival

古くから伝わる
民俗行事を見に

長さ3mの大草履に未婚の女性をのせ胴上げするヘトマトや、福江に伝わる念仏踊りチャンココ、嵯峨島の念仏踊りオーモンデーなど個性的な祭りが残る。→ P.114

潜伏キリシタン
Clandestine Christian

信仰を守り抜いた人々

キリシタン禁制下の五島では、多くのキリスト教徒が仏教を信仰していると見せかけ、密かにキリスト教を信仰し続けた。偽装棄教は禁教令解除まで250年以上継承された。→ P.113

鬼岳
Onidake

お椀のような
福江のシンボル

福江南部に広がる溶岩台地の中央にそびえる鬼岳。大きな火口をもち、遠くから見ると丸みを帯びた姿が印象的。芝に覆われた斜面は市民の憩いの場になっている。→ P.55

五島うどん
Goto Udon

1000年以上の
歴史を誇る伝統食

上質な椿油や天然塩を使い、潮風で自然乾燥させた五島うどん。モチモチとした食感とのど越しのよさで毎日食べても飽きない。コシが強く伸びにくいのも魅力。→ P.85

古民家
Old House

新たな
滞在スタイルに注目!

古い民家を改修し、情緒のある見た目は残しながら、床暖房やヒノキ風呂など快適な施設を整えた小値賀島の古民家。暮らすように過ごす休日が評判を呼んでいる。→ P.86

城下町
Castle Town

江戸時代の面影を残す町並み
江戸時代、五島藩の城下町として栄えた福江。町なかには石田城跡や溶岩塊の石垣など風情ある景観が残っている。特に約400mにわたって続く武家屋敷通りの石垣は圧巻。→ P.50

椿油
Camellia Oil

食用にも使われる上質なオイル
五島列島は伊豆諸島と並ぶ椿油の産地。島に自生するヤブツバキから取れる油は品質のよさで知られ、古くから食用油や整髪料として使われてきた。→ P.85

海上交通
Sea Traffic

古くより栄えた風待ちの寄港地
遣唐使船最後の寄港地だった五島列島は、日本の海上交通に欠かせない中継地として栄えた。現在でも本土との間、また島間は充実の航路で結ばれている。→ P.128

電気自動車
Electric Vehicle

充電をしながらエコなドライブ
五島列島ではレンタカーに電気自動車（EV）を導入。ガソリンの代わりに充電が必要なので、島内には充電施設が点在している。音が静かで環境にも優しい！　→ P.132

五島牛
Goto Beef

のんびり育った幻の黒毛和牛
広い大地に放牧され、塩分が適度に含まれた牧草で育つ五島牛は、質のよい霜降り和牛として高く評価されている。引き締まった肉は脂肪がしつこくなく、深いうま味が特徴。→ P.26

トビウオから取る香りのよいだし
五島列島ではトビウオをアゴと呼び、乾燥させ焼いたアゴから取っただしがよく使われる。風味豊かなアゴだしは、五島うどんのほか鍋や煮物などさまざまな料理の味を引き立てる。→ P.23

アゴだし
Ago Dashi

五島灘
Sea of Goto

豊かな暖流に抱かれた海の幸の宝庫
黒潮から分岐する対馬暖流と沿岸流のおかげで、おいしい魚介類の宝庫といわれる五島灘。ブリやイサキなどの回遊魚から、クエをはじめとした根魚まで種類豊富。→ P.24

物欲を刺激する
大自然の贈り物

島みやげ

とっておき

買えるお店（Ⓐ〜Ⓞ）は P.23 に！

豊かな海に浮かぶ五島列島のおみやげは、自然が育む多彩な食材が主流。
島ごとに個性的な食材も見つかるので、こだわりの逸品を探して！

サツマイモの香りが漂う

648円

島ならではの食材が魅力的

\絶対買いたい/ 名 産 品

まずチェックしたいのは、五島列島の大地を感じさせる名産品。いくつあってもよさそう。

かんころ3餅

かんころとはスライスしたサツマイモをゆでて干し、餅と合わせた餅菓子。軽く焼いておやつに Ⓖ

350円

カンコロチップス

伝統食のかんころ餅をザクザク食感のチップスに。香りがよく素朴な味わい Ⓝ

480円

豆ようかん

良質の小豆に五島産の食塩を加えて練った奈良尾地方の名物。どこか懐かしいふるさとの味 Ⓜ

350円

1080円

五島の鯛で出汁をとったプレミアムな高級カレー

五島地鶏しまさざなみ（左）
久賀島の車海老（右）

五島の食材と、五島の鯛で取っただしを合わせたレトルトカレー。ほかに五島牛と美豚も Ⓔ

おぢか島の落花生

赤土で育てた甘味の強い落花生は小値賀島の名物。じっくり乾燥させた風味豊かな一品 Ⓝ

450円

330円

350円

話題の
トマトうどんも

手延うどん

1280円

椿油で仕上げ潮風で乾燥させた五島うどんは、細麺でコシが強く、モチモチとした歯応えが魅力。左…Ⓕ 中…Ⓛ 右…Ⓚ

自分用に！

お得感たっぷり ふしめんって何？

ふしめんとは、手延麺を切り分けるときに出る端の部分。乾燥させる際、棒にかかって曲がった部分のこと。スーパーなどでまとめて安く売っているのでお得。

五島を代表する上質な逸品

\潤いの/ 椿 油

ヤブツバキが自生し、古くから食用に使われた五島の椿油。品質のよさは折り紙つき。

1280円

いろいろ使える！

純粋つばき油

918円

五島に自生するツバキだけを使った上質な椿油。少量を毛先になじませれば、艶のある髪をキープできる Ⓕ

純粋つばき油スプレータイプ

スプレーボトルを採用した、五島産の純度の高い椿油。椿油がたれずに使いやすいと評判 Ⓖ

1100円

玉椿クリーム

椿油とはちみつ配合の全身保湿クリーム。指先やひじ、かかとのお手入れに重宝 Ⓖ

ドゥ サンクィルローション

椿油やはちみつなど、五島の素材を配合したスキンケアシリーズ。化粧水でうるおい肌に Ⓖ

1500円

竹椿

精製した竹酢と竹炭に椿油を配合。天然のミネラルでしっとりとした洗い上がりに Ⓜ

1100円

玉椿せっけん

肌の潤いを保つツバキ葉エキスを配合。きめ細かくもっちりとした泡で、肌を包み込むように洗う Ⓖ

3850円

誰もが喜ぶ定番みやげ

ハズしなしの お菓子

お菓子は相手を選ばない鉄板みやげ。小分けタイプならバラマキみやげにも重宝する。

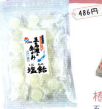

486円

塩飴
五島の海水から作られる塩、「五島灘のめぐみ」（→ P.23）を使った塩飴。ほのかな塩味と甘味とのバランスが◎ G

540円

椿の飴
五島市観光協会オリジナルの飴。椿油入りで、のどがしっとりと潤う。配りやすい小分けタイプ F

1080円

> ちょっと不思議なおまじない♪

塩チョコバウムクーヘン
五島の天日塩とコロンビア産チョコレートが練り込まれた、しっとり上品なバウムクーヘン L

600円

ハコフグくんの五島塩クッキー
平釜製法のまろやかな塩が効いたクッキー。とぼけた顔のハコフグパッケージが大人気 G

> 島の魚たち

1080円

> バラ売りもあるよ

おっ！パイ
ネーミングそのままの形をした手作りパイ。落花生餡と実えんどう餡の2種類 N

650円（6個）

> モチモチ～

八匹雷 （はっちかんかん）
福江島を代表する餅菓子。災いから身を守る「はっちかんかんだご（団子）三つ」というおまじないが名前の由来 B

432円

とろける チョコレート クッキー
五島の天日塩を練り込んだ塩チョコ、ホワイトチョコ、ビターチョコをおしゃれなパッケージで！ G

> こんな感じ

630円

ちょこきなぴい
ローストした落花生を、オーガニックチョコレートと九州産きなこでコーティング。コク深い甘み N

> 肉球がかわいいっ！

648円

つばきねこってる。
ネコの肉球をモチーフにしたクランチチョコ。イチゴとホワイトチョコレートの2層式 G

890円

治安孝行 （ちゃんここ）
水飴で練り上げた餅を粒あんで包み、きなこをまぶしたお菓子。名前は福江の念仏踊りから H

> フル～ティ

新しい名産品の登場！
さわやか五島ワイン

長崎初のワイナリーが製造する五島産ワイン。福江島で有機栽培したブドウを、五島コンカナ王国（→ P.69）内の工房で醸造している。さわやかな飲み口と評判を呼んでいる。

ロゼのスパークリング、キャンベル・アーリー
2750円 D

950円

なんや餅
こし餡をしっとりとした餅でくるんだ五島銘菓。冷やして食べるとおいしさアップ F

1280円

鬼岳饅頭
鬼岳の火口と天然芝をイメージしたお菓子。小豆あんと黄味あんの2種類が入っている H

21

\ゆるくてカワイイ/

\かわいい小物から服飾雑貨まで/
\ぬくもり/ 雑貨

五島列島の文化をテーマにした雑貨やキュートなTシャツは、島旅の思い出にぴったり。

各320円

2037円

女子に大人気！

各450円

各825円

愛と祈りのしおり
五島列島の教会を彩るステンドグラスをしおりに。教会ごとに個性があって、全部集めたくなる！F

ステンドグラス マスキングテープ
上五島の教会のステンドグラスをモチーフにしたテープ。手帳や手紙のアクセントに最適。全6種類L

つばきねこTシャツ
五島市のキャラクター、つばきねこを全面に押し出したTシャツ。キッズサイズがかわいいF

3500円

つばきねこ 手ぬぐい
唐草模様につばきねこと足跡をあしらったご当地手ぬぐい。カラーは4色でお値段も手頃G

5000円

五島椿製食器
硬くしなやかな五島椿から削り出した木製食器。愛情を注ぎながら末永く使える逸品L

五島巡礼六面パズル
江上天主堂や堂崎教会、頭ヶ島天主堂など、五島列島を代表する教会をパズルにしたハンドメイドの木工品I

4860円

\自分にもご近所さんにも！/
\絶品揃い/ 海の幸

豊かな海で取れる魚介は五島最大の魅力。そんな海の幸をご家庭でも召し上がれ。

650円

焼あご
あご（トビウオ）を炭火で焼いた五島名物。香りが高いあごだしは五島うどんに欠かせないL

156円

2500円〜

アオリイカ 一夜干し
アオリイカは五島でミズイカとも呼ばれる。あぶったり、細切りにしてバターで炒めたりG

切れてます

炙り鬼鯖鮨
長崎であがった真鯖を酢で浅くしめ、ふくよかな鮨に仕立てた鬼鯖鮨。表面をあぶると食感豊かにC

540円

あじの漬け
宇久島のアジを醤油、みりん、砂糖で漬けた定番商品。熱々のご飯にのせてお茶漬けにO

鰹の生節
五島産のカツオをゆでて味つけ。スライスしてそのままでも、焼いてステーキにしてもよしF

とっても便利

食卓にも並ぶヘルシー食材
五島三菜
新鮮な大根と人参を12〜2月の強い季節風で乾燥させ、ひじきとミックスさせた健康食品。味噌汁や煮物などに使えるのでストックしておくと重宝。リピート必至の便利な食材G

300円

880円

さざえ甘酢漬
サザエをていねいにさばいて甘酢漬けに。コリコリの食感がクセになるO

1620円

粒うに
奈留島沿岸で取れるムラサキウニは質がよいと評判。塩以外の添加物を使わない逸品をどうぞJ

1944円

奈留島の名産品！

あごんちょび
アゴ（トビウオ）を椿オイルに漬け込んだ中通島の名物。イワシよりも上品な味わいL

1296円

22

一品物からゆるかわアイテムまで
こだわり アクセ&ストラップ

深海サンゴを使った豪華なアクセサリーやユニークなストラップも根強い人気を誇る。さりげなく身につけて五島をアピール。

2000円
760円
650円
650円
650円

3万7800円

サンゴのカフス
男女群島で30年以上前に採取されたサンゴから削り出した高級品。富江で加工されている F

3万8500円

サンゴのブローチ
価値の高い赤サンゴをあしらったブローチ。どんなシーンにも合う、色あせない一生モノの宝石 F

赤サンゴは縁起モノ♪

3万8500円

サンゴのネックレス
明治時代に男女群島で深海サンゴが発見されて以来、サンゴ細工が有名。色が赤いほど、血赤と呼ばれ価値が高い F

各520円

木彫りのストラップ
アジの開きと出刃包丁、ヒラメと刺身包丁、かわいいハコフグなど、ちょっと変わった手作りストラップ I

五島市ゆるキャラストラップ
五島市のイメージキャラクターは左から、つばきねこ、ごとりん、バラモンちゃん F

一生に一度の贅沢みやげ
上質な赤サンゴ
吸い込まれそうな真っ赤な赤サンゴは希少。特に五島産は色が濃い。
ペンダントトップ 324万円 A

豊かな自然の恵みが凝縮
名脇役♪ 調味料

島の食材をふんだんに使った贅沢な調味料。料理を引き立て何倍もおいしくしてくれる。

540円(250g)

海水塩五島灘のめぐみ
五島灘の海水をくみ上げ、昔ながらの平窯を使って薪で炊き上げた、うま味が凝縮した海水塩 G

800円 **800円**

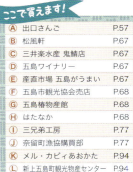

950円

HAO!ピーナッツペースト
小値賀島の落花生を使ったピーナッツペースト。砂糖不使用で素材の味をストレートに味わえる N

750円

1620円

焼あごだしパック
香りがよく、深い味わいのトビウオだし。コクのある煮物などに。左…F 右…L

椿ドレッシング
たっぷりの椿油に自家製海水塩や香辛料をブレンド。大人の味の柚子胡椒入りも G

500円

柚子胡椒
手作りの海水塩「五島灘のめぐみ」を使い、青唐辛子、柚子皮などを手作業で合わせた一品 G

1080円

飛魚醤油の素
上五島のトビウオを丸ごと1尾使用。醤油を注ぎ入れて2〜3日でおいしいうま味醤油のできあがり L

各864円

つばきねこジャム甘夏(左)、いくり(右)
五島産のフルーツと砂糖だけで作った甘さ控えめのジャム。いくり(スモモ)のほか数種類を用意 E

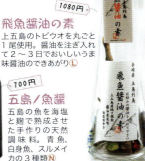

700円

五島ノ魚醤
五島の魚を海塩と麹で熟成させた手作りの天然調味料。青魚、白身魚、スルメイカの3種類 N

ここで買えます！

A	出口さんご	P.57
B	松風軒	P.67
C	三井楽水産 鬼鯖店	P.67
D	五島ワイナリー	P.67
E	産直市場 五島がうまい	P.67
F	五島市観光協会売店	P.68
G	五島椿物産館	P.68
H	はたなか	P.68
I	三兄弟工房	P.77
J	奈留町漁協購買部	P.77
K	メル・カピィあおかた	P.94
L	新上五島町観光物産センター	P.94
M	奈良尾観光情報センター	P.94
N	おぢかターミナルショップ	P.103
O	黒潮鮮魚	P.107

23

まずは何から
食べましょう？

今すぐ
食べたい

島グルメ

五島列島沿岸は対馬暖流の影響を受けた好漁場で知られ、
豊かな海から水揚げされる魚介類は多種多様。
四季折々に楽しめる海の幸は、五島の大きな魅力といえる。
五島うどんをはじめ伝統文化に育まれた郷土料理も試したい。

五島の自然を五感で味わう

ピッチピチ♪
新鮮魚介

古くから漁業が盛んな五島列島。
全国に送られる前の新鮮な魚を食べられるのが島の魅力。

サザエの壺焼き
700円
長崎県はサザエの漁獲量
日本一。潮の流れが速い
五島のサザエは、身が締
まりコリコリとした食感を
楽しめる。
●葵→ P.64

毒は
ないよ！

カットッポ 2000円〜
ハコフグのおなかを開き、肝と味噌をあえて焼
いた名物料理。秋から冬にかけてがシーズン。
●いけす割烹 心誠→ P.63

ヒラマサの塩焼き 880円
脂がのってコクのあるヒラマサは、ブリにも
勝る高級魚。塩焼きでも味はしっかり。
●民宿あびる→ P.65

くろかま 600円
かまぼこに黒胡椒をトッピングし
たもので、お酒との相性抜群。
島のおみやげにもGOOD。
●谷商店→ P.102

タカセミナ 300円
五島では家庭でもよく食べられる巻貝。
ゆでるだけで磯の香りが漂う逸品に。
●居酒屋菜づ菜→ P.64

車エビ
オドリ食い
1860円〜（3尾）※季節商品
美しい海で養殖された車エビは、身がプリプリしていて、
口の中に甘味が広がる。●いけす割烹 心誠→ P.63

6〜7月は禁漁だよ

キビナゴの
網焼き 500円
五島では家庭の食卓にも並
ぶ大衆魚。シンプルに塩を
振って網で焼けば、香りの
よいおつまみに。
●居酒屋菜づ菜→ P.64

シメサバ 600円
鮮度が落ちやすいサバも、
島なら取れたてが食べら
れる。秋になると脂肪が
増えておいしさアップ。
●谷商店→ P.102

人気の五島ブランド
五島は近年、海産物のブランド化
に積極的。小値賀島のイサキ「値
賀咲（ちかさき）」や福江島のア
オリイカ「扇白水（あおりひめ）」、
タチウオ「五島
太刀」などが
有名。
値賀咲（左）と
五島ルビー（右）

握り寿司 1400円
地元で評判の寿司屋さんで、新鮮なネタを握ってもらうのも島旅
の楽しみ。地魚を堪能したい。●寿司処 真寿美→ P.93

アラカブのから揚げ

800 円
アラカブとはカサゴのこと。上品な白身の魚で、まるごとからっと揚げると骨までおいしく食べられる。
●四季の味 奴→ P.63

あら汁 400 円
魚をおろしたあとに残るアラを味噌汁にした、島の寿司店に欠かせない一品。白身の魚ならあっさり♪
●寿司処 真寿美→ P.93

刺身の盛り合わせ

1430 円
旬の味を堪能するなら刺し盛り！ 写真は手前から時計回りにイサキ、ハガツオ、カンパチ、タイ、ケンサキイカ、タコ
●民宿あびる→ P.65

ウツボのから揚げ

700 円
コラーゲンたっぷりのウツボは、から揚げにすると身が締まって、プリプリの食感に。
●割烹ゆう→ P.98

ヒラスのカマ

600 円
西日本ではヒラマサのことをヒラスと呼ぶ。コクのあるカマは、安ウマなお得メニュー。
●居酒屋菜づ菜→ P.64

キビナゴの刺身

800 円
鮮度が命の小魚なので、取れたてを手開きにする職人技が必要。ポン酢や酢味噌、ショウガ醤油などで。
●いけす割烹 心誠→ P.63

見た目もキレイ

醤油味の魚料理

ウツボのたたき 1000 円
小骨が多いため、さばくのに技術がいるウツボ。淡泊だがほのかに甘味が漂う珍味。
●割烹ゆう→ P.98

キビナのいり焼き 990 円
五島ではキビナゴのことをキビナと呼ぶことも。野菜と一緒に煮た、いり焼きは家庭でも食べられる定番の郷土料理。
●お食事処八波→ P.64

マイカ 500 円
スルメイカのこと。水揚げ量が多いので食べる機会も多い。焼き、ゆで、刺身、干物など、どう食べてもおいしい。
●居酒屋菜づ菜→ P.64

おなかいっぱい食べるなら海鮮ちらし！

寿司屋のランチで、握り寿司と並んで人気なのが海鮮ちらし。ネタが大ぶりなことが多くボリューミーなので、満足度が高い。

中通島の「すし処嶋」（→ P.92）の海鮮ちらし

潮風が育む芳醇なうま味

ガッツリ！肉料理

上質な霜降り和牛で知られる五島牛や甘味のある五島豚（美豚）など、五島のブランドミートが評判。

売り切れにご注意〜

五島牛ロースステーキ
4400円（150g）
幻の五島牛とも呼ばれる、軟らかく香ばしい黒毛和牛。脂肪分がしつこくないので、ステーキもあと味すっきり。
●和風レストラン 望月→ P.63

五島牛の串焼き 650円（1本）
ステーキは重過ぎる、でも五島牛は食べてみたい、という人にぴったりな串焼きも絶品。
●いけす割烹 心誠→ P.63

五島牛の上カルビ 1980円
五島牛の上質なカルビは、深い肉のうま味を楽しむのに最適。焼き過ぎないように！
●味よし→ P.64

五島豚のおかかカツ 800円
豊かな自然のなかで育てられた五島豚はクセのないバランスのよさが魅力。あっさりとした和風の味つけにも合う。
●かきごや こんねこんね→ P.64

美豚のハム 650円
味のバランスがよい美豚は、ハムにしてもほのかに甘味を感じさせる上品な仕上がりに。
●味彩→ P.93

美豚のグリル 2000円のランチコースより
ミネラルウオーターと麦類中心の飼料で育てられた美豚は、臭みがなく、軟らかで甘味が強い。
●空と海の十字路→ P.92

クジラの刺身／うね 1300円
かつてクジラ漁で栄えた上五島は、今でもクジラ料理が名物。脂がのったおなかの部分は「うね」と呼ばれる。
●味彩→ P.93

クジラカツカレー 1150円
クジラのカツはジューシーで軟らかな食感が特徴。カレーとの相性もよく完成度が高い！●かっちゃん→ P.106

猪ロースの刺身 950円
季節によってはイノシシなど、なかなか食べられない珍味に出合うことも。滋養たっぷり。
●海舟→ P.93

クジラ料理が上五島名物って本当？
鯨賓館にも来てネ
上五島の有川地区はクジラ漁で栄えた歴史があり、今でも冠婚葬祭にはクジラ料理が欠かせないそう。クジラ料理を出してくれる店も何軒か残っている。

主食にもなるボリューム感

やみつき 麺料理

日本3大うどんに数えられる五島うどんや
長崎名物のちゃんぽんはランチの定番メニュー。

こんな感じ

ほのかな酸味が魅力！

長崎ちゃんぽん 750円

長崎では絶対に食べたい名物料理。肉や魚介、野菜から出たうま味がスープに溶け込み、麺と絶妙に絡む。
●おと家→ P.101

トマトうどんのグラタン 900円

ますだ製麺の人気商品「五島手延トマトうどん」がチーズやホワイトソースと絡むうわさのグラタン。
● SVN+ → P.94

五島肉うどん 700円

五島の定番ランチといえばこれ。五島うどんは伸びにくく、ツルツルとしたのど越しが魅力。●うま亭→ P.65

店によって味が違う

ごぼう天うどん 580円

ごぼうと油は相性抜群。香り高いごぼう天を、あごだしの汁でほぐしながら食べるのが最高！
●五島手延うどん おっどん亭→ P.66

冷やし ザルうどん

700円
地獄炊きをはじめ温かくして食べることが多い五島うどんだが、ツルツルとした食感は冷やでもうまい。
●かきごや こんねこんね→ P.64

ランチにぴったり

皿うどん 770円

出前用に汁を減らした長崎ちゃんぽんがルーツといわれる。ちゃんぽんの麺または揚げた細麺を使う。
●お食事処八波→ P.64

毎日でも飽きないっ

おみやげにもいいよ♪

小値賀島で食べたい落花生

小値賀島の隣に浮かぶ納島は、12世帯のうち10世帯が落花生農家。赤土に育まれた香り豊かな落花生は全国から注文が来るそう。見つけたら試してみて！

地獄炊き 700円

グラグラ煮立った鍋から、直接うどんを取って食べるのが地獄炊き。アツアツをあごだしや卵と。●竹酔亭 本店→ P.93

地の素材にこだわった芳醇な酒を味わう
島の恵み 五島列島の焼酎

島の素材以外は使いません！

福江島

豊かな大地を思わせる麦と芋
五島列島酒造

五島列島酒造　杜氏
谷川友和さん

島外の原料は一切使わない、純度100％五島産焼酎にこだわる酒造所。主原料となる麦やサツマイモはもちろん、麹に使う米には五島産のヒノヒカリを使用。割り水には九州百名山のひとつ七ツ岳の湧水を使っている。9月中旬から仕込み始め、春頃に原酒が完成。ろ過により不純物を除いた原酒をタンクに入れて2年ほど寝かせると、香ばしくまろやかな焼酎ができあがる。

MAP 折り込み① B2　**交** 福江港から車で約35分　**住** 五島市三井楽町濱ノ畔3158
電 (0959)84-3300　**時** 9:00〜17:00（土曜〜15:00 および日曜、祝日 10:00〜15:00）
料 見学無料　**休** なし　**駐車場** あり　**予約** 見学は必要　**URL** gotoretto.jp

五島麦 島限定ボトル

五島麦
720ml
1562円
白麹を使い減圧蒸留する。ブルーボトルはおみやげに◎。

900ml
1540円

五島芋 島限定ボトル

900ml
1760円

五島芋
720ml
1760円
黒麹を使い常圧蒸留した芋焼酎。甘味が口の中に広がる。

五島芋 40°
720ml
3960円
化粧箱入り
五島芋のアルコール度数40度。冷やしてストレートで飲みたい。

五島麦 五島芋
300ml
1595円
2本セット

ビールの原料になる二条大麦を使った香り高い麦焼酎。2012年には福岡国税局管内酒類鑑評会で、143銘柄のうち大賞に選ばれた。島内でしか買えない限定ボトルは、900mlが720mlと同じ値段。

多くの芋焼酎は、焼酎芋と呼ばれる黄金千貫でできている。一方で五島芋に使われるのは、五島名物かんころ餅の原料になる高系14号。フルーティでやわらかな余韻を楽しめる芋焼酎になっている。

左に紹介した五島麦と芋の300mlセット。商品代金の一部が「長崎と天草地方の潜伏キリシタン関連遺産」に含まれる教会の維持や保存のために寄付される。かわいい風呂敷包みでおみやげにぴったり。

工場訪問

酒蔵見学へ！
予約をすれば10トンのタンクが並ぶ蔵を見学させてくれる。仕込みがない7〜8月は工場が稼働していないので注意。

製造工程を説明
焼酎の醸造工程をまとめた表をもとに、原料の処理から仕込みや瓶詰めまで必要な作業について解説してくれる。

窓から工場内を見学
工場内には入れないので、窓から見学。窓ごとに作業を解説したプレートが貼られていてわかりやすい。

やっぱり試飲が楽しみ♪
ひととおり見学が終わったら焼酎の試飲も。目の前で見た作業の完成品も味わえて幸せ。その場で購入もできる。

五島列島には2軒の酒造所があり、どちらも焼酎を醸造している。
福江島、中通島ともに島おこしの一環として設立されたため、
地元で育てられた農産物と水、そして島人が造る故郷の味が魅力だ。

五島灘は飽きないよ〜

中通島

地元農家が育てたサツマイモを酒に

五島灘酒造

五島灘酒造 杜氏
新西利秋さん

　2007年に設立された五島列島初めての酒造所。初出荷を待たずに他界した初代社長の田本修一さんの遺志を継ぎ、妻の喜美代さんをはじめ実力派のスタッフたちが評判の芋焼酎を醸造している。原料のサツマイモには新上五島町で作られた黄金千貫と紅さつまを使用。黒麹と白麹を使い分け、減圧蒸留と常圧蒸留を両方用意するなど、素材と製法にこだわった焼酎を堪能できる。

MAP 折り込み③ C4　**交** 有川港から車で約5分　**住** 南松浦郡新上五島町有川郷1394-1
電 (0959)42-0002　**時** 9:00〜17:00　**料** 見学無料　**休** 土・日曜　**駐車場** あり
予約 見学は必要　**URL** gotonada.com

五島灘 黒麹仕込み

社名を冠した看板商品。深みのある黒麹を常圧蒸留し、黄金千貫のうま味がしっかり味わえる1本になっている。濃厚なコクとともにキレのよさもあり、飽きのこない芳醇な焼酎としてファンが多い。

720ml
1419円

五島灘 紅さつま

720ml
1234円

紅さつまは焼き芋などに使われる品種で、濃厚な甘味と香りが特徴。無ろ過で仕上げるため、サツマイモ本来の甘さと、どっしりとした飲み応えを堪能できる。白麹仕込みで飲みやすい。

五島灘 白麹仕込み

720ml
1419円

白麹で仕込み、常圧蒸留したタイプ。豊かな香りが特徴。

越鳥南枝 調整28度

黄金千貫を白麹で仕込んだ、甘味のあるやわらかな飲み口の焼酎。減圧蒸留を採用し、すっきりと洗練された香りを楽しめる。個性的な名称は、故郷を懐かしみ慕った中国伝来の故事から取った。

720ml
1523円

越鳥南枝 原酒36度

720ml
2570円

原酒を4年間じっくり寝かせた、ストレートでおいしい1本。

五島 ブルーボトル

720ml
1234円

上五島産の紅さつまを使った、フルーティで飲みやすい焼酎。白麹で仕込み常圧蒸留したバランスのよさが魅力。五島列島の海を思わせるブルーボトルに、ラベルのザトウクジラがよく合う。

工場訪問

酒蔵見学へ！
黄金千貫は収穫後3〜4日で腐り始めるので、収穫できる9〜12月が仕込み時期。ていねいな仕込み工程を見学できる。

巨大タンクにびっくり
酒蔵所にはサツマイモを蒸す容器や蒸留器、仕込み用のタンクなどが置かれており、内部を案内してもらえる。

じっくり試飲もOK！
使うサツマイモや麹、蒸留法によって異なるさまざまな芋焼酎を用意している。飲み比べが楽しい。

島限定

五つ星

毎年最適なサツマイモ、麹、蒸留法を選択し、島内限定で2000本のみを販売。2015年は黄金千貫を使い、白麹仕込み、減圧蒸留の原酒に。

720ml
3240円

五島列島の教会を巡る

日本におけるキリスト教布教の中心地、長崎

　日本のキリスト教の歴史は、1549年のフランシスコ・ザビエル来日に始まる。その後、日本初のキリシタン大名大村純忠が長崎港を開き、長崎には多くの教会や関連施設が建てられた。五島列島では1566年、五島領主の宇久純定が招いた修道士アルメイダとロレンソとともにキリスト教が伝来。純定の子、純尭も洗礼を受けるなど、福江島を中心にキリスト教が広まった。

アルメイダの布教を描いた堂崎教会のレリーフ

厳しい弾圧にさらされた五島列島の信者たち

　豊臣秀吉が発布した伴天連追放令によって、日本のキリシタン弾圧は激しさを増す。1597年には長崎で二十六聖人殉教事件が起こり、五島出身のヨハネ草庵も殉教。一度は絶えたと思われた五島のキリシタンだが、大村藩からの移住者が密かに信仰を守り続けた。しかし1868年、久賀島で信仰を告白したキリシタンへの牢屋の窄殉教事件が起こり、42人が亡くなった。

約200人の信者を投獄した牢屋の窄殉教地

禁教が解かれるとともに教会建築が盛んに

　外国からの非難を受け1873年にキリシタン禁制の高札が撤廃されると、信者たちは長く続いた迫害を許し、ようやく得た信仰の自由の喜びを教会建築という形で表現した。五島列島に立つ多くの教会も、信者たちが豊かとはいえない暮らしのなかから、財産や労力をささげてできたもの。五島の自然環境に溶け込んだ教会は、迫害を耐え抜き信仰を守った人々の希望の証だ。

上五島の布教の中心となった旧鯛ノ浦教会堂

voice　教会には聖体の象徴である麦や純潔を表す白百合、三位一体のクローバーといった意匠がよく使われる。さらに五島ではツバキをモチーフにした装飾やステンドグラスが見られるので探してみるとおもしろい。

壮絶な迫害のなか、命がけで信仰を守った五島列島のキリスト教信徒たちは、禁教が解けるとともに、自分たちの教会を建設することに力を注いだ。五島列島をはじめ長崎の潜伏キリシタン関連遺産は、2018年7月に世界遺産に登録された。

1. 色とりどりのステンドグラスに彩られた青砂ヶ浦天主堂
2. 野崎島の高台に立つ旧野首教会　3. 2010年に再建された江袋教会の鐘塔　4. 緑の木々に守られた木造の江上天主堂　5. 青砂ヶ浦天主堂の静謐な空間

教会見学のマナー

一．厳粛な雰囲気を心静かに感じて

二．入口の聖水盤には触らない

三．祭壇がある内陣には入らない！

四．内部の撮影は基本的に禁止

五．装飾品、聖具には触らないで

六．ミサ中はなるべく入堂を控えよう

七．肌を露出し過ぎない服装で

八．教会内部は飲食NG、禁煙

教会建築の基礎知識

外部

尖塔・鐘塔（せんとう・しょうとう）
細長い尖塔はゴシック建築の教会によく見られる。鐘塔は教会脇に建てられる。

薔薇窓
正面に作られた、ステンドグラスを張った円形の小窓。

キリスト像
教会の入口では、キリスト像やマリア像が信者を迎えてくれる。

外壁
木造やれんが造り、石組み、鉄筋コンクリートなど多彩。

ルルド
聖母マリアが示した聖なる泉を模し、小さな泉を配している。

内部

天井
船底のような折上天井やゴシック様式のコウモリ天井が有名。

十字架の道行
捕縛から磔刑、埋葬までを描いたキリストの受難の聖画。

祭壇
内陣中央の最も神聖な場所。ミサ中は聖体を安置。

ステンドグラス
色ガラスを組み合わせ、模様や絵を表現。ゴシック建築に見られる。

柱頭
天井を支える柱に施された彫刻のこと。教会によってさまざまなデザインが。

身廊（しんろう）
教会の入口から奥の内陣までの中央部分。

教会建築の父、鉄川与助
新上五島町出身の建築家で、五島をはじめ各地の教会を建造する。教会建築の第一人者といわれ、近代建築史のなかでも高い評価を受けている。

五島列島は、言わずと知れた潜伏キリシタンの島。五島列島に残る教会は、その風景と相まって独特な雰囲気をもっていて、信者たちの信仰心を伝え続けていることがわかりました。
（兵庫県　ソフィアパラさん）

五島列島の教会51

五島列島全域に点在する教会は、信者の心のよりどころ。歴史を学び、ルールやマナーを守って拝観しよう。

長崎と天草地方の潜伏キリシタン関連遺産とは？

「長崎と天草地方の潜伏キリシタン関連遺産」は、戦国時代に日本に伝わったキリスト教が4世紀にわたって歩んだ歴史の証。華やかな時代を経て、禁教令による弾圧から潜伏、そして復活まで世界的にも貴重な信仰の歴史を、城跡や教会、文化的景観が伝えている。五島列島の4つの集落を含む関連遺産は、2018年7月にユネスコの世界遺産に登録された。

野崎島

世界遺産

❶ 旧野首教会
きゅうのくびきょうかい

野崎島の集落跡が世界遺産に！

禁教令下の野崎島では、野首と舟森集落の五十数人全員が平戸に護送され、激しい拷問を受けた。改宗を受け入れた島民は、1873年の禁教令撤廃で信仰の自由を手に入れ木造の教会を建設。さらに野首集落では17世帯が資金を蓄え、1908年にれんが造りの旧野首教会を建てた。潜伏時代の様子を伝えるこれらの集落跡が、世界遺産に登録されている。

MAP 折り込み② D2
交 野崎港から徒歩約20分
住 野崎島内→P.81
時 9:00〜14:00 **駐車場** あり
予約 必要※1に問い合わせ

上/丘の上から集落跡を見守る赤れんがの教会
左下/鉄川与助の設計・施工により建てられた
右下/堂内の美しいリブ・ヴォールト天井

小値賀島

❷ 小値賀教会
おぢかきょうかい

旧舟森集落のマリア像を配した民家風教会。

MAP 折り込み② B2
交 小値賀港から徒歩約20分 **住** 北松浦郡小値賀町笛吹郷字段地 2679-1 **時** ※1に問い合わせ **駐車場** あり

中通島

❸ 米山教会
こめやまきょうかい

島北端に立つ。最後の晩餐のレリーフが見事。

MAP 折り込み③ C1 **交** 有川港から車で約1時間 **住** 南松浦郡新上五島町津和崎郷 589-14 **時** 9:00〜17:00 **休** 火曜 15:30〜（ミサ）**駐車場** あり

中通島

❹ 仲知教会
ちゅうちきょうかい

五島の漁師を描いたステンドグラスが特徴的。

MAP 折り込み③ C1 **交** 有川港から車で約50分 **住** 南松浦郡新上五島町津和崎郷 991 **時** 9:00〜17:00 **休** 日曜 8:00〜（ミサ）**駐車場** あり

中通島

❺ 赤波江教会
あかばえきょうかい

斜面の中腹にたたずむ赤い尖塔が印象的。

MAP 折り込み③C1 **交** 有川港から車で約48分 **住** 南松浦郡新上五島町立串郷 1899 **時** 9:00〜17:00 **休** 第2・4日曜9:00〜（ミサ）**駐車場** あり

中通島

❻ 江袋教会
えぶくろきょうかい

木造の素朴な教会堂。内部もシンプルな造り。

MAP 折り込み③ C2 **交** 有川港から車で約45分。またはⓘ江袋教会から徒歩約3分 **住** 南松浦郡新上五島町曽根郷 195-2 **時** 9:00〜17:00 **駐車場** なし

中通島

❼ 小瀬良教会
こぜらきょうかい

道路脇の高台に立つこぢんまりとした教会。

MAP 折り込み③ C2 **交** 有川港から車で約35分 **住** 南松浦郡新上五島町立串郷 1351 **時** 9:00〜17:00 **休** 第3・5日曜 10:00〜（ミサ）**駐車場** なし

中通島

❽ 大水教会
おおみずきょうかい

豊かな自然に包まれたモダンなデザイン。

MAP 折り込み③ C2 **交** 有川港から車で約35分 **住** 南松浦郡新上五島町曽根郷 411 **時** 9:00〜17:00 **休** 第2・4日曜 10:00〜（ミサ）**駐車場** あり

中通島

❾ 曽根教会
そねきょうかい

五島灘と東シナ海を一望する高台に立つ。

MAP 折り込み③ C2 **交** 有川港から車で約30分 **住** 南松浦郡新上五島町小串郷 1028 **時** 9:00〜17:00 **休** 日曜 8:00〜（ミサ）**駐車場** あり

中通島

❿ 青砂ヶ浦天主堂
あおさがうらてんしゅどう

上五島の信仰の中心を担う国指定重要文化財。

MAP 折り込み③C3 **交** 青方から車で約10分。またはⓘ青砂ヶ浦教会からすぐ **住** 南松浦郡新上五島町奈摩郷1241 **時** 9:00〜17:00 **休** 日曜9:00〜（第2日曜は7:00〜、ミサ）**駐車場** あり

中通島

⓫ 冷水教会
ひやみずきょうかい

高台にそびえる尖塔が印象的な清らかな教会。

MAP 折り込み③ B3 **交** 青方港から車で約10分 **住** 南松浦郡新上五島町網上郷 623-2 **時** 9:00〜17:00 **休** 第2日曜 9:00〜（ミサ）**駐車場** なし

中通島

⓬ 丸尾教会
まるおきょうかい

有川湾を望む高台に立つ1972年建設の教会。

MAP 折り込み③ C3 **交** 有川港から車で約15分 **住** 南松浦郡新上五島町丸尾郷 940 **時** 9:00〜17:00 **休** 日曜 8:00〜（ミサ）**駐車場** あり

中通島

⓭ 青方教会
あおかたきょうかい

2000年に建て替えられた存在感のある建物。

MAP 折り込み④ **交** 有川港から車で約20分 **住** 南松浦郡新上五島町青方郷 511-1 **時** 9:00〜17:00 **休** 日曜 8:00〜（ミサ）**駐車場** あり

※1 おぢかアイランドツーリズム ☎ (0959)56-2646 ※2 長崎と天草地方の潜伏キリシタン関連遺産インフォメーションセンター

VOICE 五島列島の潜伏キリシタンたちは、神父のいない状況のなか組織内に指導系統をもっていたという。神父役の帳方（ちょうかた）、洗礼を授ける水方（みずかた）、連絡係の取次役（とりつぎやく）の三役が中心になって信仰を守り続けた。

⑭ 鯛ノ浦教会
たいのうらきょうかい

隣接した旧鯛ノ浦教会堂は上五島布教の中心。

MAP 折り込み③ C4 **交** 有川港から車で約 10 分 **住** 南松浦郡新上五島町鯛ノ浦郷 326 **時** 9:00 〜 17:00 **休** 日曜 8:30 〜（ミサ） **駐車場** あり

旧鯛ノ浦教会堂は資料館に

教会では静かに♪

小値賀島
野崎島
頭ヶ島
中通島
有福島
若松島
奈留島
久賀島
嵯峨島
福江島

教会巡りが楽しくなる

巡礼スタンプ

カトリック長崎大司教区認定の巡礼手帳に、教会堂に用意されたスタンプを押して思い出にしよう！

上／教会のスタンプが巡礼の記念に 左／スタンプは教会の入口付近にある

五島巡礼手帳
巡礼手帳（スタンプ帳）と巡礼地図がセットになって 1000 円

---

⑮ 大曽教会
おおそきょうかい

八角ドーム型の鐘楼や 2 色の外観が特徴。

MAP 折り込み③ B4 **交** 青方港から車で約 5 分 **住** 南松浦郡新上五島町青方郷 2151-2 **時** 9:00 〜 17:00 **休** 第 1・3・5 日曜 9:00 〜（ミサ） **駐車場** なし

---

⑰ 跡次教会
あとつぎきょうかい

眼下に洋上の石油備蓄基地を眺められる。

MAP 折り込み③ B4 **交** 奈良尾港から車で約 25 分 **住** 南松浦郡新上五島町三日ノ浦郷 1 付近 **時** 9:00 〜 17:00 **休** なし **駐車場** あり

---

⑯ 頭ヶ島天主堂
かしらがしまてんしゅどう

世界遺産

頭ヶ島の集落が世界遺産に！

多くの潜伏キリシタンが移住した頭ヶ島。1868 年のキリシタン弾圧時には、おもだった信者が捕縛され拷問を受けた。禁教令撤廃により頭ヶ島では木造の教会を建設。さらに 10 年という歳月をかけ 1919 年に砂岩造りの重厚な教会を完成させる。これら信仰の歴史を伝える集落跡が世界遺産に登録された。

MAP 折り込み③ D3 **交** 有川港から車で約 20 分。または❶ 頭ヶ島から徒歩約 5 分。車は上五島空港に停めバスで移動 **住** 南松浦郡新上五島町友住郷頭ヶ島 638-1 **時** 9:00 〜 17:00 **休** 第 2・4 日曜の 15:00 〜 17:00（ミサ） **駐車場** あり（上五島空港） **予約** 必要※ 2 に問い合わせ

上／近くの島から石を切り出し、信者が運んだ
左下／花柄の模様が施され花の御堂とも呼ばれる
右下／天主堂の前にはキリシタン墓地が広がる

---

⑱ 猪ノ浦教会
いのうらきょうかい

老朽化により 1989 年に建て替えられた。

MAP 折り込み③ A4 **交** 青方港から車で約 20 分 **住** 南松浦郡新上五島町続浜ノ浦郷猪ノ浦 681 付近 **時** 9:00 〜 17:00 **休** なし **駐車場** あり

---

⑲ 焼崎教会
やけざききょうかい

創始時は伝道学校、初代教会は 1950 年建立。

MAP 折り込み③ A4 **交** 有川港から車で約 30 分 **住** 南松浦郡新上五島町飯ノ瀬戸郷 697 **時** 9:00 〜 17:00 **休** なし **駐車場** あり

---

⑳ 真手ノ浦教会
まてのうらきょうかい

道土井湾を望む場所に立つモダンな教会。

MAP 折り込み③ B4 **交** 有川港から車で約 30 分 **住** 南松浦郡新上五島町今里郷 495-2 **時** 9:00 〜 17:00 **休** 日曜 9:00 〜（ミサ） **駐車場** あり
URL kyoukaigun.jp

㉑ 佐野原教会
さのはらきょうかい

五島では珍しく、海の見えない山の奥に立つ。

MAP 折り込み③ B4 **交** 有川港から車で約 20 分 **住** 南松浦郡新上五島町東神ノ浦郷 188 付近 **時** 9:00 〜 17:00 **休** なし **駐車場** あり

㉒ 船隠教会
ふなかくしきょうかい

豊かな緑を背景にした赤い屋根が際立つ。

MAP 折り込み③ B4 **交** 有川港から車で約 25 分 **住** 南松浦郡新上五島町東神ノ浦郷船隠 48-11 **時** 9:00 〜 17:00 **休** 第 2 金曜 16:30 〜、第 2・4 土曜 16:30〜（ミサ） **駐車場** あり

中通島
23 浜串教会
はまくしきょうかい

1966 年に建てられた当時の 2 代目の教会堂。

MAP 折り込み③ B5　**交** 奈良尾港から車で約 15 分　**住** 南松浦郡新上五島町岩瀬浦郷 724　**時** 9:00 ～ 17:00　**休** なし　**駐車場** あり

中通島
24 中ノ浦教会
なかのうらきょうかい

入江に面した教会。花の装飾がかわいい。

MAP 折り込み③ B5　**交** 奈良尾港から車で約 25 分　**住** 南松浦郡新上五島町宿ノ浦郷中ノ浦 985　**時** 9:00 ～ 17:00　**休** 最終日曜 9:00 ～（ミサ）　**駐車場** あり

中通島
25 若松大浦教会
わかまつおおうらきょうかい

民家を買い取り教会にした素朴なたたずまい。

MAP 折り込み③ B5　**交** 奈良尾港から車で約 10 分　**住** 南松浦郡新上五島町宿ノ浦郷 715 付近　**時** 9:00 ～ 17:00　**休** なし　**駐車場** あり

中通島
26 福見教会
ふくみきょうかい

高い船底天井と左右のステンドグラスが特徴。

MAP 折り込み③ B6　**交** 奈良尾港から車で約 15 分　**住** 南松浦郡新上五島町岩瀬浦郷 29　**時** 9:00 ～ 17:00　**休** 日曜 9:00 ～（ミサ）　**駐車場** あり

中通島
27 高井旅教会
たかいたびきょうかい

100 人の潜伏キリシタンが帰依し聖堂を建立。

MAP 折り込み③ B6　**交** 奈良尾港から車で約 5 分　**住** 南松浦郡新上五島町奈良尾郷 957 付近　**時** 9:00 ～ 17:00　**休** なし　**駐車場** あり

中通島
28 桐教会
きりきょうかい

丘の上に立つ赤い屋根がかわいらしい教会堂。

MAP 折り込み③ B6　**交** 奈良尾港から車で約 10 分　**住** 南松浦郡新上五島町桐古里郷 357-4　**時** 9:00 ～ 17:00　**休** 日曜 9:00 ～（最終日曜 7:00 ～、ミサ）　**駐車場** あり

若松島
29 大平教会
おおびらきょうかい

樹林と若松瀬戸に挟まれた美しい白亜の建物。

MAP P.96C1　**交** 奈良尾港から車で約 30 分　**住** 南松浦郡新上五島町西神ノ浦郷 82　**時** 9:00 ～ 17:00　**駐車場** あり

有福島
30 有福教会
ありふくきょうかい

平天井や漆喰の壁など純和風の木造教会。

MAP P.96A1　**交** 奈良尾港から車で約 35 分　**住** 南松浦郡新上五島町有福郷 580　**時** 9:00 ～ 17:00　**休** 土曜 16:00 ～（ミサ）　**駐車場** あり

若松島
31 土井ノ浦教会
どいのうらきょうかい

旧大曽教会を買い受けて改築した木造の教会。

MAP P.96C3　**交** 奈良尾港から車で約 30 分　**住** 南松浦郡新上五島町若松郷 853　**時** 9:00 ～ 17:00　**休** 日曜 9:00 ～（ミサ）　**駐車場** あり

奈留島 〔世界遺産〕
32 江上天主堂
えがみてんしゅどう

江上集落が世界遺産に！

1797 年、大村藩から潜伏キリシタン 4 家族が江上集落に移住。奈留島では禁教令撤廃後も、潜伏時代の信仰形態のままのカクレキリシタンが多かったが、江上集落でも信者がカトリック教会に戻ったのは 1881 年のこと。1918 年にはクリーム色の外観と水色の窓枠が印象的な江上天主堂が建てられた。歴史を語る集落は世界遺産に登録されている。

上／キビナゴ漁などで貯めた資金で建てられた
左下／リヴ・ヴォールト天井の厳かな雰囲気
右下／森林に囲まれたメルヘンチックな天主堂

MAP P.74A2　**交** 奈留港から車で約15分　**住** 五島市奈留町大串1131-2　**時** 9:00～12:00、13:00～15:30　**休** 月曜（祝日の場合は翌日）、第3日曜の13:00～16:00（ミサ）　**駐車場** なし　**予約** 必要※2に問い合わせ

奈留島
33 奈留教会
なるきょうかい

大村藩からの移住者が中心となって建設。

MAP P.74B2　**交** 奈留港から徒歩約 20 分　**住** 五島市奈留町浦 395　**時** 9:00 ～ 17:00　**休** 日曜 8:00 ～（7 ～ 9 月 7:00 ～、ミサ）　**駐車場** あり

久賀島
34 牢屋の窄殉教記念教会
ろうやのさこじゅんきょうきねんきょうかい

五島崩れのきっかけとなった殉教地に立つ。

MAP P.71B2　**交** 田の浦港から車で約15 分　**住** 五島市久賀町大開　**時** 9:00 ～ 17:00　**休** 第3日曜9:30 ～（ミサ）　**駐車場** なし

久賀島
35 五輪教会
ごりんきょうかい

1985年建立の五島市で最も新しい素朴な教会。

MAP P.71C2　**交** 田の浦港から車で約 40 分＋徒歩約 10 分　**住** 五島市蕨町五輪　**時** 9:00 ～ 17:00　**休** 第 1 日曜 10:00 ～（ミサ）　**駐車場** なし

久賀島
37 浜脇教会
はまわききょうかい

五島初の鉄筋コンクリート造りの堅牢な建物。

MAP P.71A3　**交** 田の浦港から徒歩約 10 分　**住** 五島市田ノ浦町 263　**時** 9:00 ～ 17:00　**休** 第 1・3・5 日曜 8:00 ～（ミサ）　**駐車場** あり

福江島
38 半泊教会
はんとまりきょうかい

アイルランドからの浄財も使った民家風建物。

MAP 折り込み① C1　**交** 福江港から車で約 30 分　**住** 五島市戸岐町半泊 1223　**時** 9:00 ～ 17:00（冬季～ 16:00）　**駐車場** あり

キリシタンへの弾圧「五島崩れ」は、久賀島の牢屋の窄殉教事件から始まった。20㎡ほどの牢に 8 ヵ月間閉じ込められた約 200 人の信者たちは、汚物にまみれ横にもなれない悲惨な状況だったという。この弾圧で幼い子供を含めた 42 人が殉教した。

久賀島

㊱ 旧五輪教会堂
きゅうごりんきょうかいどう

世界遺産

久賀島の集落が世界遺産に！

禁教令後、久賀島には大村藩から多くの潜伏キリシタンが移住した。五島全域でおきたキリシタン弾圧「五島崩れ」の際には、久賀島でも子供を含む42人が死亡。それをきっかけに外交問題へと発展し、禁教令の撤廃へとつながった。旧五輪教会は1881年に建てられた浜脇教会を移築したもの。これらの歴史を物語る証拠として、集落が世界遺産に登録されている。

MAP P.71 C2
交 田ノ浦港から車で約40分＋徒歩約15分 **住** 五島市蕨町五輪993-11
時 8:30～16:30 **休** なし **駐車場** なし
予約 必要※2に問い合わせ

上／解体の危機を乗り越え重要文化財に指定
左下／和風の外観とゴシック様式の内観が特徴
右下／堂内は木造建築ならではのぬくもりが漂う

福江島

㊴ 宮原教会
みやばらきょうかい

民家を思わせるシンプルで素朴なたたずまい。
MAP 折り込み① D1 **交** 福江港から車で約20分 **住** 五島市戸岐町773-2
時 9:00～17:00 **休** 第2・4日曜 13:00～（ミサ） **駐車場** あり

㊵ 堂崎教会
どうざききょうかい

資料館を併設した五島市の布教の重要拠点。
MAP 折り込み①D1 **交** 福江港から車で約15分 **住** 五島市奥浦町堂崎2019
時 9:00～17:00(冬季→16:00) **休** なし
料 300円 **駐車場** あり

福江島

㊶ 浦頭教会
うらがしらきょうかい

ノアの方舟をモチーフにしたモダンな建造物。
MAP 折り込み① D2 **交** 福江港から車で約10分 **住** 五島市平蔵町2716
時 9:00～17:00 **休** 日曜 8:00～（第1日曜をのぞく、ミサ） **駐車場** あり

福江島

㊷ 福江教会
ふくえきょうかい

1962年の大火で焼失を免れた復興の象徴。
MAP P.58 A2
交 福江港から徒歩約10分 **住** 五島市末広町3-6 **時** 9:00～17:00 **休** 日曜 9:00～（ミサ） **駐車場** あり

福江島

㊸ 繁敷教会
しげじききょうかい

うっそうと緑が茂る山道の上にひっそりと立つ。
MAP 折り込み① C3
交 福江港から車で約30分 **住** 五島市富江町繁敷道蓮寺 **時** 9:00～16:00
休 不定休 **駐車場** あり

福江島

㊹ 水ノ浦教会
みずのうらきょうかい

被昇天の聖母にささげられた白亜の清楚な教会。
MAP 折り込み① C2
交 福江港から車で約30分 **住** 五島市岐宿町岐宿1644
時 9:00～16:00 **休** なし **駐車場** あり

福江島

㊺ 楠原教会
くすはらきょうかい

赤れんがを積み上げたゴシック様式の典型。
MAP 折り込み① C2
交 福江港から車で約30分 **住** 五島市岐宿町楠原
時 9:00～16:00 **休** なし **駐車場** あり

福江島

㊻ 打折教会
うちおりきょうかい

海辺にたたずむ切妻屋根の素朴な教会。
MAP 折り込み① B2
交 福江港から車で約30分 **住** 五島市岐宿町川原打折 **時** 9:00～16:00 **休** 第1・3日曜 10:30～（ミサ） **駐車場** あり

福江島

㊼ 三井楽教会
みいらくきょうかい

ボランティアによるステンドグラスが美しい。
MAP 折り込み① B1
交 福江港から車で約40分 **住** 五島市三井楽町岳1420 **時** 9:00～17:00
休 日曜 7:30～（ミサ） **駐車場** あり

福江島

㊽ 貝津教会
かいつきょうかい

カラフルなステンドグラスがぬくもりを演出。
MAP 折り込み① B2
交 福江港から車で約40分 **住** 五島市三井楽町貝津458
時 9:00～17:00 **休** なし **駐車場** あり

嵯峨島

㊾ 嵯峨島教会
さがのしまきょうかい

1918年創建の教会を改修しながら守り続ける。
MAP 折り込み① A2
交 嵯峨島桟橋から徒歩約10分 **住** 嵯峨島内→P.59 **時** 9:00～17:00 **休** 第1・3日曜 10:00～（ミサ） **駐車場** あり

福江島

㊿ 玉之浦教会
たまのうらきょうかい

閑静な住宅地にたたずむむかわいい尖塔が目印。
MAP 折り込み① A3
交 福江港から車で約1時間5分 **住** 五島市玉之浦町玉之浦622-1
時 9:00～17:00 **休** なし **駐車場** あり

福江島

51 井持浦教会
いもちうらきょうかい

日本で最初のルルドをもつれんが造りの教会。
MAP 折り込み① A3 **交** 福江港から車で約1時間 **住** 五島市玉之浦町玉之浦1243 **時** 9:00～17:00 **休** 第2・4日曜 8:30～（ミサ） **駐車場** あり

問い合わせ先一覧
ながさき巡礼 **問** 長崎巡礼センター
電 (095)893-8763
五島市の教会 **問** 五島市観光協会→P.134
新上五島町の教会 **問** 新上五島町観光物産協会 **電** (0959)42-0964
※1 おぢかアイランドツーリズム
電 (0959)56-2646
※2 長崎と天草地方の潜伏キリシタン関連遺産インフォメーションセンター
URL kyoukaigun.jp

---

 voice 五島列島の教会は一部をのぞき、通常は鍵が開いており聖堂内の見学も可能。ただしミサのときは拝観しないのがマナー。ミサはおおよそ2時間（拝観可能時間に影響する場合のみ上記の **休** にミサの時間を記載）。

五島
島人インタビュー 1
Islanders' Interview

趣味のように始めた木工細工が
あれよあれよという間に人気商品に！

左／好きな文字を彫ってもらうこともできる　右／左から広春さん、義信さん、信広さん

三兄弟工房　**葛島 義信**（くずしま よしのぶ）さん、**広春**（ひろはる）さん、**信広**（のぶひろ）さん

奈留島の三兄弟が作る
アジの開きが評判に

　アジの開きと出刃包丁、連なった3尾のハコフグ、かわいい教会など、ユニークな木製ストラップを次々に見せてくれたのは、奈留島にある三兄弟工房の葛島義信さん。工房の名前どおり、切り盛りするのは3人の兄弟。「こだわり派の長男」義信さん、「アイデアマンの次男」広春さん、「センスがキラリと光る三男」信広さんと、それぞれにキャッチフレーズをもつ。

　「僕らの本業は大工なんですよ。で

左／いちばん人気はアジの開きと出刃包丁をセットにした「五島でばヒラキ」。丸みを帯びたハコフグもかわいい　右／木を使ったぬくもりのあるストラップは、島らしいおみやげ

も人口が減っている島で仕事が少なくなるなか、半分趣味で作り始めたのがこのストラップなんです」と義信さん。おみやげが少ない奈留島で何か喜ばれるものを作れないかと考えたストラップは、本人たちの予想を超えて好評を博す。

　「最初はもらってくれればいいと考えていたのですが、思った以上に評判がよくて。2010年にはごとう新おみやげ発掘コンテストで商品の部2位に選んでいただきました」

　テレビにも取り上げられた三兄弟工房の作品は島民にも喜ばれ、観光客からの注文が殺到。奈留島を代表するおみやげになっている。

自分だけの一品が作れる
木工体験もおすすめ

　「注目されるきっかけは、アジの開きをモチーフにした五島でばヒラキですが、それ以外にも新しい商品を考えています」とさまざまな木工商品を見せてくれた義信さん。

　四角い板に浮彫のような細工をしたストラップや、五島市のイメージキャラクターのストラップ、教会を描いた六面パズルなどアイデアが光るアイテムが揃う。

　工房では商品の販売だけではなく、木工体験も受け付けている。

　「木の魚は用意しておくので、イラストを描いて焼くだけ。30分〜1時間でできますよ。名入れもするので、世界にひとつだけのおみやげができるんです」と義信さんは言う。目下の悩みは、工房の存在が知られるようになって、大工仕事との両立が大変になってきたことだそう。

　「訪ねてくれる方は増えてうれしいんですが、平日は本業で出ていることが多くて、18:00頃まで誰もいないこともあるんです。雨の日は休みだからといるんですけどね。せっかく来ていただいても閉まっていたのでは申し訳ないので、事前に電話をいただけると助かります」

三兄弟工房→ P.77

五島列島の巡り方
Recommended Routes

個性的な島々に多彩な見どころが点在する五島列島。

効率的にいろいろ見て回るのか、テーマを絞って観光するのか、

旅スタイルによって異なるベストルートをご提案。

効率的に回る、いいとこ取り
弾丸！ ぐるり福江島
1泊2日

観光のメインとなる福江島を、ドライブを楽しみながら1泊2日で巡るシンプルプラン。主要な観光スポットはだいたいカバーできるので初めての五島旅行におすすめ。

1日目　雄大な自然に触れる南部をドライブ
総距離 95km

1. 10:40　大瀬崎灯台を望む
2. 11:10　井持浦教会を拝観
3. 12:30　ランチはろばた焼き！
4. 14:00　香珠子海水浴場へ
5. 15:30　明星院を拝観する
6. 19:00　鬼岳で星空観賞
7. 21:20　遅めの夕ご飯

五島名物かっとっぽ！

五島椿物産館のソフトクリーム♪

2日目　北部の絶景をたっぷり満喫！
総距離 90km

8. 8:45　美景の高浜海水浴場
9. 9:35　頓泊海水浴場で休憩
10. 11:00　美麗な教会を見学
11. 11:45　岐宿で魚介ランチ
12. 12:55　城岳展望所へ上る
13. 13:25　れんがの楠原教会へ
14. 14:25　荘厳な堂崎教会へ
15. 15:30　武家屋敷通り経由で

五島はツバキの名産地！

魚籃観音に航海の安全と大漁を祈る

1日目

10:40 → 車で10分 → **11:10** → 車で50分

1 福江島随一の絶景　大瀬崎灯台を望む

紺碧の海に突き出した岬の先端に立つ大瀬崎灯台。展望台からのパノラマビューに圧倒される。→ P.59

福江港から出発～！

駐車場から徒歩20分ほどで灯台まで行ける

2 ルルドで有名な　井持浦教会を拝観

フランスから取り寄せた聖水により、日本で最初にルルドが造られたのが井持浦教会。教会裏にはマリア像が。→ P.35

ルルドは奇跡の泉で知られる巡礼地

19:00 → 宿 → 車で20分 → **21:20**

6 鬼岳天文台で　満天の星にうっとり

明星院を拝観したら一度ホテルに戻り、天気を確認して鬼岳天文台へ。口径60cmの望遠鏡で星を観賞。→ P.55

裸眼でもきらめく天の川がはっきり！

7 福江の街に出て、　お待ちかねの夕ご飯

遅めのディナーは五島の郷土料理が揃う「いけす割烹 心誠」でのんびり。旬の魚介を味わえる。→ P.63

ハコフグやキビナゴなど名物料理が揃う

11:45 → 車で10分 → **12:55** → 車で10分

11 民宿併設の食事処で　新鮮魚介のランチを

料理自慢の「民宿あびる」は1階が予約制の食事処になっている。定食が豊富なほか握り寿司も食べられる。→ P.65

おいしい五島の魚をリーズナブルに味わう

12 城岳展望所へ上って　岐宿の美景を眺める

第一城岳展望所からは、福江島北部と上五島の島々を眺められる。今、通ってきた岐宿の街も一望。→ P.60

城岳という名はかつて城があったことに由来

福江島
福江港
福江空港
富江湾

プランニングのコツ

広い島内、レンタカーは必須！

福江島や中通島は見どころが全域に広がっているので、車で自由に回るのがベスト。ガソリン車のほか電気自動車も用意されている。→ P.132

12:30 徒歩3分 → **14:00** 車で20分 → **15:30** 車で15分 →

3 五島の食材満載の ろばた焼きランチ

五島産の肉や魚介を、囲炉裏で焼いて味わえる「椿茶屋」でランチ。おみやげは隣接の五島椿物産館へ。→ P.65

要予約！

無農薬にこだわった五島の野菜も好評

4 香珠子海水浴場で ゆったりひと休み

香珠子海水浴場はアクセス良好の人気ビーチ。真っ白な砂浜とソーダ色の海は南国リゾートのよう。→ P.54

夏は海の家も営業している

5 歴史ある木造建築 明星院を拝観する

明星院は五島最古の木造建築物。五島藩絵師、大坪玄能の花鳥画で埋め尽くされた格天井が芸術的！→ P.62

天井に121枚の花鳥図が描かれている

2日目 **8:45** 車で5分 → **9:35** 車で20分 → **11:00** 車で5分 →

8 高台の展望所から 高浜海水浴場を一望

魚籃観音がある高台の展望所から、島随一の美しさを誇る高浜海水浴場を望む。ビーチへは車で約5分。→ P.54

夏は海水浴を楽しむ観光客でいっぱいに

9 広々とした砂浜の 頓泊海水浴場でのんびり

高浜海水浴場からさらに進むと、湾の奥に頓泊海水浴場が。潮が引くと広々とした砂浜が姿を現す。→ P.54

遠浅のビーチ♪

隠れ家風のビーチは地元でもファンが多い

10 壮麗なふたつの教会を 敬虔な気持ちで拝観

貝殻のモザイク壁画が印象的な三井楽教会を見学したら、車で20分ほど走り尖塔が美しい水ノ浦教会へ。→ P.35

水ノ浦教会は映画『くちびるに歌を』の舞台

13:25 車で40分 → **14:25** 車で20分 → **15:30**

13 赤れんが造りの 楠原教会を拝観

1912年に建てられた楠原教会は、れんが造りの建物が青空に映え美しい。堂内のコウモリ天井が印象的。→ P.35

信徒が協力して建てたゴシック様式の教会

14 福江のシンボル 堂崎教会を拝観

五島市の布教の拠点となった堂崎教会。ステンドグラスから光が差し込む堂内には資料館が併設される。→ P.35

れんが造りの建物は県の有形文化財

15 情緒漂う 武家屋敷通りから港へ

五島藩士が住んでいた武家屋敷通り経由で福江港へ。溶岩塊を積んだ石組みの塀が連なる。→ P.50

おみやげは港で！

福江は江戸時代、五島藩の城下町だった

自然に恵まれたふたつの島に滞在

のんびり中通島&小値賀島

2泊3日

優美で個性的な教会が集まる中通島と、古民家ステイで注目される小値賀島。
2島滞在は船の移動が必要なので、スケジュールを詰め過ぎないのがポイント！

1日目 絶景ビューを求めて中通島の北部を回る

1 10:00 まずは蛤浜海水浴場
2 11:10 冷水教会を拝観
3 11:30 矢堅目公園で休憩
4 12:05 地魚たっぷりランチ
5 13:15 高台の教会を見学
6 13:45 椿油作りにチャレンジ
7 19:00 夕食はイタリアン

新鮮魚介をご堪能あれ〜♪

有川港にはザトウクジラのオブジェが

2日目 午前中は中通島、午後は小値賀島へ

8 9:00 頭ヶ島天主堂を見学
9 13:30 ランチはちゃんぽん
10 14:30 歴史民俗資料館へ
11 16:00 神秘のポットホール
12 19:00 人気の居酒屋ディナー

小値賀島の名物、落花生！

牛に注意

牛の多い小値賀島にはこんな標識が

3日目 緩やかな島時間に包まれる小値賀島

13 9:00 ビーチでカヌー体験
14 11:45 断崖の五両ダキ
15 12:30 集落で寿司ランチ

1日目 10:00 車で20分 → 11:10 車で3分 →

1 蛤浜海水浴場の砂浜での〜んびり

遠浅の海が続く蛤浜海水浴場は、有川港から近いこともありにぎやか。地元客にも人気がある。→ P.84

有川港からスタート！

夏にはビーチでイベントも開催される

2 尖塔がかわいらしい冷水教会を拝観

建築家、鉄川与助が棟梁となって初めて建てたのが、木造の冷水教会。高台にそびえる尖塔が印象的。→ P.32

聖堂内は身廊と側廊の3廊式になっている

→ 13:45 車で1分 → 19:00

6 つばき体験工房で椿油作りにチャレンジ

椿油は五島列島の名産品。約1kgのツバキの種を砕き、10〜15分蒸してから椿油を抽出する。→ P.85

椿油をおみやげに

まずはヤブツバキの種を砕く。これが大変！

7 夕食はホテル併設の本格イタリアン！

宿泊先の五島列島リゾートホテル マルゲリータのイタリアン「空と海の十字路」で、五島の旬の食材を堪能。→ P.92

新鮮な魚介はもちろん、牛や豚も五島産

→ 16:00 宿 → 徒歩5分 → 19:00

11 自然が生み出した神秘のポットホール

小値賀島から橋で渡れる斑島にあるパワースポット。岩の割れ目に挟まった石が波により回転し丸窓に。→ P.100

一度、宿へ

玉石様と呼ばれる石は直径50cmにも！

12 夕食は笛吹郷の居酒屋でしっぽり

せっかく小値賀島に来たので、地元客が集まる居酒屋「焼鳥こにし」でディナー。一品料理も充実。→ P.102

家族連れも多い島民に愛される居酒屋

斑島　小値賀島
11　14　13

9　10　12　15

5

5　6　7

3

2

8

4

青方港　有川港

中通島

プランニングのコツ

サンセットはどこで眺める？

スケジュールを組むときに18:00頃を目安に夕日の名所を組み込んでおこう。このプランでいうと矢堅目公園や斑島の西海岸が人気スポット。

→ 11:30　車で5分 🚗 **→** **12:05**　車で5分 🚗 **→** **13:15**　車で1分 🚗 **→**

3　奇岩がそびえる 矢堅目公園で休憩

奈摩湾の入口に奇岩が突き出る矢堅目公園。展望所からは紺碧の東シナ海と入り組んだ海岸線を一望。→ P.91

海からの敵を見張る砦として利用されていた

4　奈摩地区の寿司店で 地魚の海鮮ランチ

ていねいな仕込みに定評がある「すし処嶋」へ。魚に応じてひと手間かけた寿司を出してくれる。→ P.92

熟成させた寿司は絶品。海鮮丼は要予約

5　青砂ヶ浦天主堂と 曽根教会を見学

国指定重要文化財になっている青砂ヶ浦天主堂と、車で10分の距離にある高台の曽根教会を拝観。→ P.32

ステンドグラスで飾られた青砂ヶ浦天主堂

2日目　**9:00**　車+フェリーで1時間30分 🚗🚢 **→** **13:30**　徒歩5分 🚶 **→** **14:30**　車で20分 🚗 **→**

8　世界遺産集落の 頭ヶ島天主堂を見学

砂岩を組んだ個性的な外観が印象的な頭ヶ島天主堂。2001年に国の重要文化財に指定されている。→ P.33

設計・施工は教会建築の父、鉄川与助

9　小値賀島で評判の ボリュームランチ

中通島の青方港からフェリーで小値賀島へ。島の中心地、笛吹郷の「おと家」で名物あごだしちゃんぽんを堪能。→ P.101

長崎のソウルフードちゃんぽんは必食！

10　歴史民俗資料館で 島の歴史をお勉強

島内散策の前に、まずは小値賀島の歴史や風俗などの資料を展示する歴史民俗資料館で情報収集。→ P.101

潜伏キリシタンの移住についての資料も充実

3日目　**9:00**　車で10分 🚗 **→** **11:45**　車で25分 🚗 **→** **12:30**

13　穏やかな海で のんびりカヌー体験

カヌーはオールだけで海面を滑るように進むエコなアクティビティ。初めてでもガイドさんが教えてくれるので安心。→ P.82

レベルによって最適なビーチを選んでくれる

14　断崖絶壁に守られた 隠れ家ビーチ

車を停めて徒歩約5分。切り立った断崖の五両ダキが見えてくる。小さなビーチはプライベート感たっぷり。→ P.100

長い年月をかけて波や風で削られた絶壁

15　笛吹郷の寿司店で 地魚の握りを堪能

笛吹郷の「平六寿司」では、小値賀島の漁港で揚がった魚介を使った寿司やちらしが人気。→ P.102

小値賀港でおみやげを！

一品料理はないが、刺身の単品オーダーは可

注目の教会を全制覇！

世界遺産集落の教会巡り

3泊4日

世界遺産に登録された集落は久賀島、奈留島、中通島、野崎島の4島にある。すべてを回るためには、効率的に移動し素早く見学することが大切。

1日目 福江島から日帰りで久賀島の教会へ

- ❶ 9:55 堂崎教会を拝観
- ❷ 10:45 明星院を拝観
- ❸ 11:20 港の近くでランチ
- ❹ 13:30 旧五輪教会堂を見学
- ❺ 15:50 折紙展望台に上る
- ❻ 19:30 五島牛ディナー♪

屈辱の踏み絵……!

レンタカーは
電気自動車も!

2日目 奈留島、頭ヶ島でふたつの教会を見学

- ❼ 9:45 江上天主堂を拝観
- ❽ 10:30 城岳城跡の絶景堪能
- ❾ 11:00 美景、奈留千畳敷へ
- ❿ 16:00 頭ヶ島天主堂を拝観
- ⓫ 18:30 矢堅目の夕日撮影

名物ちゃんぽんはランチの定番

3日目 自然が豊かな野崎島を散策！

- ⓬ 7:25 町営船で野崎島へ
- ⓭ 9:00 旧野首教会を見学！
- ⓮ 15:30 小値賀島に到着
- ⓯ 18:30 集落の居酒屋で夕食

4日目 午前中のフェリーで佐世保へ向け出発

1日目 9:55　車で30分　10:45　車で10分

1 荘厳な堂崎教会と資料館を見学する

福江島の布教の中心、堂崎教会を拝観。堂内には潜伏キリシタンの歴史などの資料が展示される。→ P.35

福江港からスタート

福江島を代表する赤れんが造りの教会

2 明星院で美麗な天井画を拝観する

明星院は五島最古の木造建築物。格天井には狩野派の大坪玄能による121枚の花鳥画が描かれている。→ P.62

五島藩主の五島家に伝わる真言宗の祈願寺

19:30　　　2日目 9:45　車で30分

6 贅沢に！五島牛のがっつりディナー♪

「和風レストラン 望月」の名物は、希少な黒毛和牛、五島牛のステーキ。肉を噛むほどに口の中にうま味が広がる。→ P.63

ジューシーな特選五島牛のロースステーキ

7 色使いがかわいい江上天主堂を拝観

早朝、定期船で奈留島へ。木々に隠れるようこたたずむメルヘンチックな江上天主堂を見学。→ P.34

館内は要予約！

天主堂を含む江上集落が世界遺産に登録

18:30　　　3日目 7:25　徒歩20分

11 対岸から矢堅目のサンセットを撮影

一度ホテルに戻り、夕日の時間に合わせて矢堅目へ。対岸から見ると、夕日と岩のバランスがよい。→ P.91

夕日が落ちる場所は季節によって異なる

12 小値賀島から船で自然豊かな野崎島へ

有川港から高速船で小値賀島へ。さらに町営船をチャーターして、自然に支配された野崎島へ渡る。→ P.81

野崎港周辺の集落跡に朽ちた家が残る

プランニングのコツ

4日目以降のスケジュールは？

4日目に帰る場合は、午前と午後に小値賀島から佐世保行きのフェリーが出ている。日程を延ばして中通島などほかの島へ渡るのもおすすめ。

11:20 　船＋車で1時間　→　**13:30** 　徒歩＋車で1時間　→　**15:50** 　船＋車で1時間　→

3 港の近くの食堂で郷土料理のランチ

福江港から徒歩約3分という好立地にある「うま亭」。地元でも人気の食堂には、五島の名物料理が揃う。→ P.65

4 五島最古の旧五輪教会堂を見学

高速船で久賀島に渡り、世界遺産の旧五輪教会堂を見学。時間があれば牢屋の窄殉教記念教会も。→ P.35

5 折紙展望台から雄大な美景を堪能

360度をぐるりと見渡せる展望台は、久賀島民の手作り。真っ青な海と緑のコントラストが美しい。→ P.72

ボリューミーでランチタイムは大にぎわい

浜脇教会新築により移築された旧五輪教会堂

複雑な海岸線が見せる圧倒的な自然美

10:30 　車で20分　→　**11:00** 　車と船で2時間20分　→　**16:00** 　車で1時間　→

8 城岳展望台から周辺の島々を一望

奈留島きってのビュースポット、城岳展望台で絶景に感激。久賀島、福江島、若松島などを一望する。→ P.75

9 奈留千畳敷の幻想的な美景にうっとり

高台から奈留千畳敷を眺める。潮が引くと岩盤の道を通って沖に浮かぶ小島まで歩いて渡れる。→ P.76

ランチは奈留で！

10 砂岩を積んだ頭ヶ島天主堂を拝観

奈留島から中通島へ渡り、そこから車で頭ヶ島天主堂へ向かう。県内では唯一の重厚な石造りが特徴。→ P.33

かつて山頂に豪族の奈留氏が城を構えた

小さな入江から沖の島まで岩盤が連なる

天主堂を含む頭ヶ島集落が世界遺産に登録

9:00 　船で20分　→　**15:30** 　宿 → 徒歩5分　→　**18:30** 　

13 野崎島の高台に立つ旧野首教会を見学

集落跡を見守るように立つ旧野首教会。空に映える赤れんが造りの教会は、絵画のようなたたずまい。→ P.32

14 町営船に乗って小値賀島に到着

小値賀島に戻ったら、自転車を借りて島内を探検。松の木が並ぶ姫の松原や海岸線などが気持ちいい！→ P.99

15 島の若者に人気の居酒屋でまったり

島出身のオーナーが切り盛りする「谷商店」。島の若者も多いので、地元ならではの話を聞けるかも。→ P.102

4日目のスケジュールは上記の「プランニングのコツ」を参照

日本の名松100選に選ばれた姫の松原

予約をしておけば刺身も出してくれる

教会を含む野崎島の集落跡が世界遺産に登録

五島
島人インタビュー 2
Islanders' Interview

五島列島のキリシタンの歴史を通して
日本人のすばらしさが伝わるといいですね

左／五島列島の歴史がわかる貴重な資料も　右／手描きのイラストとともに、興味深い話をしてくれる

五島三国観光　梅木 志保さん
（うめき しほ）

五島のキリシタンの文化を多くの人に知ってもらいたい

五島列島は 50 以上の教会が点在する祈りの島。荘厳な教会はそれぞれに個性的な表情をもち、見るだけでも心に響くものがある。さらに一歩踏み込むなら、五島のキリスト教徒が歩んだ歴史にも触れたい。

「五島列島には、神道や仏教徒として生活をしながら、キリスト教の信仰を守り続けた潜伏キリシタンがたくさんいました。それが約 250 年も続いたんです。祈りの言葉オラショは、家庭のなかで父から長男へ

上／五島列島に現存する教会のなかでは最も古い久賀島の旧五輪教会　下／ボランティアによるステンドグラスが美しい三井楽教会

と口頭で伝承されました」

五島のキリシタンについて熱く語るのは、五島の観光ガイドとして活躍する梅木志保さん。旅のコーディネートを行う五島三国観光に所属し、教会のクルシリスタ（布教をする人・伝承者）でもある。

「五島崩れと呼ばれる弾圧は、久賀島がひどかった。12 畳ほどの場所に約 200 人が閉じ込められ、42 人もの殉教者を出したんです」と梅木さん。彼女のガイドは、やわらかな語り口とともに手描きのイラストが評判。梅木さんは「こんな絵で恥ずかしい」と言うが、紙芝居のようでとてもわかりやすい。

島の案内人として五島の魅力を伝える

「五島へ五島へと皆行きたがる。五島優しや土地までも。五島極楽、来てみて地獄。二度と行くまい五島が島……」

梅木さんが教えてくれた歌は、1797 年に大村藩から移住した人々の間で歌われていたもの。3000 人

以上の移住者のなかには、弾圧の激しい大村藩から五島へ逃れようとしたキリスト教徒が多く含まれていたという。歌にあるように、彼らの願いはむなしく五島藩もキリスト教の信仰を厳しく取り締まるようになっていった。

「歴史の話だけでなく、その集落であった小さなストーリーもお話するようにしています」と梅木さん。

「禁教令下では、密告されて捕まった潜伏キリシタンが多くいたんですが、仏教徒と潜伏キリシタンが助けあった集落もありました。また、仏教徒がキリスト教徒に差し入れをしたという話も残っています」

こういうこぼれ話を聞けるのが、豊富な知識をもつガイドさんの魅力だろう。「自分たちの祖先の話ですからね。五島のガイドを通して、日本人のすばらしさが伝わるといいなと思っています」

五島三国観光　(0959)72-2860　URL www.inbound.gotomikunikanko.com

さて、島にきて何をしましょうか？

五島列島の遊び方
How to Enjoy

五島列島の楽しみ方はバリエーション豊富。

世界遺産集落の教会巡りから、美しい海での遊び、

カルチャー体験まで、好奇心のおもむくままに島を満喫！

多彩な島々が見せる神秘の表情

五島列島を彩る絶景スポット10

紺碧の海に包まれた五島列島で出合う、奇跡のような景観。
荒々しい海に突き出した岬、緑に覆われた丘陵、連なる小さな島々、
長い年月と偶然が重なってできた絶景が旅人の心を揺さぶる。

宇久島
小値賀島 ❸
❾ 野崎島
❽
中通島
若松島
❻
久賀島 ❼ 奈留島
❷
❹
福江島 ❿
❺
❶

❶ 大瀬崎灯台
MAP 折り込み① A4
福江島

東シナ海の荒波に削られた
岬の先端に、真っ白な灯台
が立つ。灯台までは歩いて
行くことができるが、離れ
た展望台からの景観も美し
い。→ P.59

❷ 魚津ヶ崎公園
MAP 折り込み① C2 福江島

遣唐使船が日本で最後に立ち寄った
魚津ヶ崎。緑豊かな自然公園だが、
特に9月後半から10月後半に咲く
300万本のコスモスは圧巻。→ P.59

❸ 長崎鼻
MAP 折り込み② B1 小値賀島

小値賀島北部の海沿いに広
がる草原。空と海の青に挟
まれた、緑の大地がさわや
か。五島牛がのんびりと草を食む光
景が見られる。→ P.100

❹ 城岳展望所
MAP 折り込み① C2 福江

岐宿の町と点在する島々を一
望。晴れた日は水平線に浮
かぶ奈留島も見られる。春は
菜の花、秋はコスモスなど季
節ごとの彩りも。→ P.60

❻龍観山展望所
MAP P.96C2 若松島
展望公園の眼下に広がるのは、緑の島々が複雑に入り組んだ若松瀬戸。深い青と真っ白な若松大橋とのコントラストが美しい。→ P.97

❼奈留千畳敷
MAP P.74B3 奈留島
舅ヶ島海水浴場から沖の小島へ平らな岩盤が続く。干潮時には岩礁がはっきりと現れ、宝石のような海の色と相まって芸術的。→ P.76

❺鬼岳
MAP 折り込み① D3 福江島
お椀型の丘陵は、福江港周辺の移動中に目にするランドマーク。北側に大きく開けた火口をもち、トレッキングで近くまで行くことができる。→ P.55

❽矢堅目公園
MAP 折り込み③ B3 中通島
円錐形の巨岩が印象的な、ダイナミックな海岸線をもつ公園。対岸の白草公園からは、奇岩越しのロマンティックな夕日を楽しめる。→ P.91

❾旧野首集落
MAP 折り込み② D2 野崎島
かつて 17 戸の住民が暮らした小さな集落跡。小高い丘の上で、れんが造りの旧野首教会が集落を見守るようにたたずんでいる。→ P.81

❿鬼岳天文台
MAP 折り込み① D3 福江島
鬼岳の中腹から空気が澄みきった五島の星空を思う存分満喫。こぼれ落ちそうな天の川や季節折々の星座がはっきり見える。→ P.55

福江島、久賀島、奈留島 NAVI

五島列島の玄関口としてにぎわう福江島のほか、
色濃い自然が残る久賀島や奈留島など南西部に浮かぶ島々は下五島と呼ばれる。

奈留島
久賀島
福江島

島で〜た

【福江島】

人　口	3万4419人 (2015年)
面　積	326.34㎢
海岸線	320.3km
最高地点	461m (父ヶ岳)

【久賀島】

人　口	294人 (2015年)
面　積	37.24㎢
海岸線	62.8km
最高地点	357m (鵜岳)

【奈留島】

人　口	2269人 (2015年)
面　積	23.68㎢
海岸線	75.4km
最高地点	267m (鴨越)

三井楽

遣唐使の時代、東シナ海へ
と旅立つ遣唐使船が最後に
寄港したのが三井楽。周辺
には美しいビーチや展望ス
ポットが点在する。

岐宿 (きしく)

天然の良港に恵まれ
た緑豊かなエリア。東
シナ海から吹きつける
風を利用した風力発
電所があり、白い風車
がフォトジェニック。

姫島

糸串鼻

柏崎

長崎鼻

233

嵯峨島

貝津港

観音崎

黒瀬崎

▲父ヶ岳
461

福江島

31

384

27

27

高浜海水浴場

小高い山に囲まれた入江に、真っ白
な砂浜が延びる美しいビーチ。夏は
海水浴客でにぎわう。 → P.54

49

富江港

384

大瀬崎灯台

断崖の先端に真っ白な灯台が立つ、
五島を代表する美景スポット。遊歩
道が整備されている。 → P.59

大宝崎

N

笠山崎

0　　　　5km

島への行き方
※詳しくは P.128

のんびり大型客船

長崎港と博多港から奈留島、福江島
にフェリーが運航。長崎港から奈留
島まで約4時間20分、福江島まで
約3時間10分。博多港から奈留島
まで約7時間40分、福江島まで約
8時間30分。久
賀島へは福江島
からフェリーで
20〜35分。

効率的に高速船！

長崎港から福江島へ、九州商船
のジェットフォイルが運航してい
る。所要時間は約1時間25分。
中通島の奈良尾港を経由する便も
ある。ジェットフォイルは大型客
船と異なり、
運航中は席
に座って待
機する。

最速の飛行機

福江島には五島つばき空港の
愛称をもつ福江空港があり、
長崎空港と福岡空港から直行
便が運航されている。長崎空
港からは約30分、福岡空港
からは約
45分で
福江島に
到着する。

島内はレンタカーで

島内の移動はレンタカーもしく
はタクシーを利用するのが一般
的。福江島では電気自動車も普
及している。福江島には予約制
の定期観光バスがあるが、久
賀島と奈留
島のバスは
おもに島民
向け。

折紙展望台

真っ青な海に浮かぶ島々や緑鮮やかな山、集落などが一望できる島民手作りの展望台。→ P.72

江上天主堂

世界遺産の構成資産のひとつ「奈留島の江上集落」に立つ、木造建築のかわいい教会。→ P.75

奈留ターミナル周辺

起伏のある奈留島のなかでも、奈留ターミナルから島の中心地までは平坦で民家も集中。のんびり散歩をするのにちょうどよい。

折紙鼻

わらび
蕨港

奈留島

[169]

奈留ターミナル

前島

末津島

[167]

久賀島

田の浦港

金剛崎

奥浦港

屋根尾島

[162]

福江海域公園

福江港

[49]

福江空港

315▲

[165]

奈留千畳敷

沖の小島に向かって平坦な岩礁が続く景勝地。岩の上を歩くと小島まで行ける。→ P.76

旧五輪教会堂

世界遺産の構成資産のひとつ「久賀島の集落」に立つ教会。1881年建立の教会を移築した。→ P.72

福江港周辺

大型客船や高速船が発着する福江港周辺は、宿泊施設や飲食店が集まりにぎやか。5分ほど歩くと石田城跡など歴史的な見どころも。

富江

かつて深海サンゴの採取と加工でにぎわった町。海に突き出した富江半島には、火山の噴火でできた平坦な溶岩台地が広がる。

鬼岳

おわん型のやわらかなフォルムが印象的な福江島のシンボル。トレッキングも楽しめる。→ P.55

気になる

ベーシックインフォメーション Q&A

Q どんな宿泊施設に泊まる?

A 福江島にはホテルも多い

福江島は福江港周辺にホテルや旅館、民宿などが集まるほか、中心地から離れた場所にも個性的なペンションや民宿が点在する。久賀島には民宿が1軒のみ。奈留島には数軒の旅館や民宿があり、どこも島らしい素朴な雰囲気。

Q 絶対に食べたい料理は?

A 新鮮魚介のほか肉料理も

栄養豊かな海で取れた海鮮は、キビナゴやアラカブ(カサゴ)など種類が豊富。五島牛や五島豚、五島地鶏しまさざなみなど肉料理も揃う。トビウオでだしを取った五島うどんは必ず食べたい。

Q おすすめの過ごし方は?

A 絶景スポットを巡る

福江島の大瀬崎灯台をはじめ、各島に展望台や公園、海水浴場など美しい景色がいっぱい。島内に点在する教会を巡るのもおすすめだ。福江島では石田城跡や溶岩塊を積んだ石垣など、城下町の名残も見られる。

Q 夕日はどこがきれい?

A SNS映えのスポット多数

福江島の夕日スポットといえば西海岸に立つ大瀬崎灯台。三井楽の渕ノ元カトリック墓碑群も、夕日と十字架というドラマティックな光景が見られる。芝が黄金色に染まる夕方の鬼岳もきれい。

商店街で
会いましょう！

城下町の名残をたどる
タイムトリップ

福江　歴史散歩

五島藩の城下町として栄え、今でも江戸時代の面影が色濃く残る福江。
苔むした石垣や黒船来航に備えた城跡が歴史を超えて語りかける。

背中側がなんと
公衆電話に！

石組みの塀が連なる
情緒漂う通りをさるく

　"さるく"とは、長崎弁で歩くという意味。港を中心に五島の歴史や文化を肌で感じられる福江は、さるくのにぴったりな町だ。

上／五島城跡の一角
にある城山神社
左／武家屋敷通りの
塀の上には、丸石を
積んだ「こぼれ石」が

　現在の福江は、長崎や周辺の島々との間を船が行き交う五島市の玄関口。江戸時代も五島藩の城下町が広がり、五島の中心地としてにぎわっていた。五島藩士や豪族が住む武家屋敷が並び、周辺には商人町、職人町ができていたという。今でも武家屋敷通りには、溶岩塊を積んだ400mほどの石組みの塀が連なり、当時の面影を残している。

　幕末に建てられた石田城（福江城）も、見事な石垣が印象的。黒船の来航に備えて1863年に建てられた城は、そのわずか9年後に明治政府によって解体された日本最後の城として知られている。現在は本丸跡に五島高校が立ち、毎朝、自転車に乗った高校生たちが城門をくぐって登校する不思議な光景が見られる。

もっと ケンロりたい！

福江島の素朴な
町を歩いてみよう

　福江以外の町でも60〜120分ほどの散策を楽しめる。商店街が続く富江や自然が豊かな岐宿、美景に癒やされる玉之浦など、エリアごとに個性があり魅力もさまざま。歩きやすい靴を用意し、夏は日焼け対策と小まめな水分補給を忘れずに。

富江の小さな商店街にある人魚のオブ
ジェ。富江名産の赤サンゴがモチーフ

MAP P.58B1・B2・B3・C1・C2　**交** 福江港からすぐ　**時** 徒歩約2時間
問 五島市観光協会　**☎**(0959)72-2963

体力レベル 🚶……誰でも参加可　体力レベル 🚶🚶……やや体力が必要　体力レベル 🚶🚶🚶……体力に自信がある人向け

郵便はがき

１４１-８４２５

切手を
お貼り
ください。

東京都品川区西五反田２－１１－８

株式会社地球の歩き方
「地球の歩き方JAPAN　五島列島 3訂版」
　　　　　　　　読者プレゼント係　行

＊＊＊＊＊＊＊＊＊＊＊＊＊＊＊＊＊＊＊＊＊＊＊＊＊＊＊＊＊＊＊＊＊＊＊

★おはがきをお送りいただいた方の中から、毎月1名様に地球の歩き方オリジナルクオカード（500円）を
プレゼントいたします。当選者の発表は商品の発送をもって代えさせていただきます。

ご記入月：　　　　年　　　　月
（女・男　年齢　　　歳）

☆お名前

☆ご住所　〒

☆お電話番号　　　　　　　　　☆メールアドレス
　　　　　　　　　　　　　　　　　　　　＠

☆ご職業
　□会社員　□自営業　□公務員　□主婦　□学生（大・高）　□無職　□その他
☆これまで何回国内の島々へ旅行に行かれましたか？
　□初めて　□1～5回　□6～10回　□10回以上
☆本書をどこでお知りになりましたか？＊複数選択可
　□書店店頭［（　　　　　　　　）都道府県（　　　　　　　　　）市町村（　　　　　　　）書店］
　□インターネット［サイト／ブログ名　　　　　　　　　　　　　　　　　　　　　　　　　　　］
　□新聞・雑誌・テレビでの紹介［新聞・雑誌・番組名　　　　　　　　　　　　　　　　　　　　　］
　□友人・知人からの紹介　□その他［具体的に
☆奄美大島には？
　□初めて　□　　　回目の旅行　□行くかどうか未定
☆今回の旅行での同行者は？（既に行かれた、これから旅行予定の方のみ）
　□家族　□夫婦　□友人　□恋人　□仕事関係　□ひとり
☆本書をお買い求めになった時期は？
　□旅行先の選択・検討時　□旅行先の決定時　□旅行の予約・手配時　□出発直前　□旅先で
☆本書をどこで購入されましたか？
　□一般書店　□Amazon　□楽天　□honto　□7&i　□その他

☆本書について

表紙のデザイン：　□よい　□普通　□悪い〔

誌面の見やすさ：　□よい　□普通　□悪い〔

紹介したアクティビティについて：

□体験したくなった・体験した　□体験してもいいかな　□ちょっと違うのでは？

〔理由

紹介した料理、レストラン・カフェなどはいかがでしたか：

□食べたくなった　□ふつう　□パッとしない

〔理由

紹介した雑貨やおみやげなどはいかがでしたか：

□よい　□まあまあ　□パッとしない

〔理由

あなたが面白い・いいな、と思われたページは：

1.　　ページ　〔理由

2.　　ページ　〔理由

本書の用途は？：

□旅の情報収集　□趣味（この島が好き）　□研究　□プレゼント　□その他

情報が足りない、もっと詳しく、載せてほしいと思われたページは：

1.　　ページ　〔理由

2.　　ページ　〔理由

具体的に

本書のほかに購入した、あるいは購入を検討した五島列島の書籍はありますか？：

〔

本書の重さ、大きさ、手触りはいかがですか：

□よい　□普通　□悪い〔

☆国内旅行に行かれる際に購入されるガイドブックは？＊複数選択可

□るるぶ　□まっぷる　□&TRAVEL　□ことりっぷ　□マニマニ

□雑誌（　　　　）　WEB（　　　　）　□その他〔　　〕

☆今後まだどこからもガイドブックがでていないエリアで地球の歩き方に出版して
ほしい島や地名を教えてください

島名・地名

〔理由

☆本書へのご意見、ご感想、五島列島のおすすめ情報を自由にご記入ください。

ご協力ありがとうございました。よい旅を

スケジュール

所要時間	歩行距離	体力レベル
約2時間	約2km	

13:00 ▶ 船の往来を見守り続ける常灯鼻（じょうとうばな）

石田城（福江城）を築くにあたり、北東からの波を防ぐため1846年に建造された。当時は防波堤としてだけではなく灯台の役目も担っていた。

MAP P.58C2
交 福江港から徒歩約5分
駐車場 あり

福江港に出入りする船舶を見守る福江の番人

徒歩15分

13:15 ▶ 航海安全を祈願した明人堂（みんじんどう）

福江を拠点としていた明の貿易商、王直など中国人が航海の安全を祈るために建てた廟堂。現在の廟堂は、中国の石材と工人を呼び再現したもの。

MAP P.58A1
交 福江港から徒歩約15分
住 五島市福江町1032-2
駐車場 なし

唐人町のシンボル！

徒歩3分

王直らが居住した周辺地域は唐人町と呼ばれている

13:25 ▶ 中国スタイルの井戸、六角井戸（ろっかくいど）

唐人町に住んでいた中国人たちが、飲料用水や船舶用水として造った井戸といわれている。井戸枠を六角形の板石で囲むのが中国式。

MAP P.58B1
交 福江港から徒歩約15分
住 五島市江川町5-122
駐車場 なし

板石で造った六角形の壁は水面下まで続いている

13:35 ▶ イボ取り地蔵で知られる宗念寺（そうねんじ）

浄土宗の寺院で、伊能忠敬の片腕だった坂部貞兵衛や明星院の天井画を描いた大坪玄能などの墓がある。念じるとイボが取れるというイボ取り地蔵が祀られている。

裏には墓がいっぱい

徒歩5分

徒歩20分

イボ取り地蔵へのお供えは束になった唐辛子

MAP P.58A1　**交** 福江港から徒歩約15分
住 五島市福江町16-1　**電** (0959)72-3024　**駐車場** あり

14:15 ▶ ふるさと館のカフェでひと休み

福江武家屋敷通りふるさと館に併設された小ぢんまりとした喫茶店「美女花（みじょか）」で休憩。かんころ餅と五島茶セット650円ほか軽食も食べられる。

五島うどん650円など五島の郷土料理を味わえる

アナタもお姫様♪

MAP P.58B3　**交** 福江港から徒歩約15分
住 福江武家屋敷通りふるさと館内→P.57
電 (0959)72-2083　**時** 11:00～16:00
休 11～6月の月曜（祝日の場合は翌日）　**駐車場** あり

徒歩10分

14:55 ▶ 日本最後の城、石田城跡へ

五島家第30代当主盛成により、黒船の来航に備えて建てられた石田城（福江城）の跡。1863年に完成した。現在は本丸跡が五島高校になっている。

幕末の名残を感じて

石田城は、明治政府により完成から9年で解体された

MAP P.58B2　**交** 福江港から徒歩約5分
住 五島市池田1-1　**電** (0959)74-2300　**駐車場** あり

唐人橋
明人堂
ナタオレノキ
宗念寺　六角井戸
福江川
常灯鼻（対岸から見る）
START 福江港
福江港ターミナル
GOAL
観光朝市
城山神社
石田城（福江城跡）五島高校
武家屋敷通り
美女花
福江武家屋敷通りふるさと館
＜イメージ図＞

 周囲1346mの堂々とした城壁を見せる石田城（福江城）。城内は解体されているが、本丸跡に五島高校があるほか、二の丸跡に五島観光歴史資料館、文化会館、図書館が立ち、福江のカルチャー施設として利用されている。

51

エダサンゴやテーブルサンゴが広がるパラダイス

穏やかな湾なので子供でも安心です

海の中って気持ちいい

誰もが気軽に楽しめるのがスノーケリングの魅力

福江島

元気な珊瑚礁が広がる
プライベートビーチへGo！

無人島スノーケリング

福江島からクルーザーで約15分、
屋根尾島の入江で魚たちと遊んじゃおう。

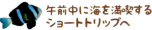

午前中に海を満喫する
ショートトリップへ

五島ダイビングラグーン
佐藤 誠さん

　青い絵の具を溶いたかのように、水平線まで続く鮮やかなブルー。五島列島を包み込む美しい海を、ただ眺めるだけではなく、体全体で満喫できるのがスノーケリングツアー。福江港発着の午前中のみのショートトリップで、午後は自由に使えるのがうれしい。15分ほどのクルージングで目指すのは、無人島の屋根尾島。水深2〜10m程度の穏やかな湾で、2時間ほどスノーケリングを楽しむ。透明度がよく明るい光が差す水底はサンゴに覆われ、魚がいっぱい。マスクやウエットスーツ、フィンは貸してもらえるので、水着とタオルだけあれば参加できる。

マスク、スノーケル、ウエットスーツ、フィンを装着

もっと知りたい！

ジャックナイフに挑戦！

水中に潜ればサンゴや魚に近寄ることができ、スノーケリングをより楽しめる。基本はジャックナイフと呼ばれるテクニック。腰から上半身を90度に折り、足を振り上げて垂直姿勢のまま真っすぐ水底へ。途中で耳抜きを忘れずに。

上／視線を水底に向けて上半身を90度曲げる　下／足を振り上げて真っすぐ水底へ。動かないのがポイント

五島ダイビング ラグーン　MAP P.58C1　所要 約3時間
交 福江港発着　住 五島市玉之浦町玉之浦1614　電 (0959)87-2233
時 9:20〜12:20頃　休 10月〜7月中旬、不定休　料 6000円
駐車場 あり　予約 前日までに必要　URL lagoon.tn.goto-tv.ne.jp

スケジュール

所要時間 約3時間	体力レベル

9:20 福江港の桟橋に集合
前日までに予約を入れ、福江港へ。ダイビングボートに乗り込み、無人島の屋根尾島まで15分ほどのクルージングを楽しもう。海がきれい！

水着とタオルだけでOK！

10:00 スノーケリングセットを装着
ボートを浮き島に係留したら、レンタル器材を借りて装着。マスクやスノーケルの使い方のレクチャーを受ける。あとは実際に海で練習をするだけ。

器材の使い方は簡単！

10:15 青い海をのぞいてみよう
ウエットスーツに浮力があるので、泳ぎが苦手な人でも安心。不安な人はライフジャケットを借りよう。ぷかぷか浮かんで海中を見ているだけでも楽しい。

ゆったりと水中を観察

11:00 疲れたらおやつタイム♪
基本的にはボートが見える範囲での自由行動。疲れたらいつでもボートに戻って休憩を。屋根尾島にはのんびり草を食む野生のヤギが。

おやつのスイカがおいしい！

12:00 周辺を泳いでみて！
サンゴや白砂など、海中の環境はさまざま。カラフルな魚もたくさん見られる。12:20頃に福江島に帰航して解散。午後もたっぷり観光を楽しめる。

白砂の海底に癒やされる

voice スノーケリングで着用するウエットスーツには浮力があり、マスクで視界、スノーケルで呼吸を確保できるため泳ぎが苦手な人でも安心。入江の水深は2〜10mほど。初心者は浅瀬で、自信のある人はちょっと深い場所でと、レベルに合った楽しみ方ができる。

福江島 ボートの底に広がるサンゴの海

グラスボート

船底のガラス窓から海中をのぞきながら、およそ45分間のクルーズを楽しむ。フィールドとなるのは、福江海域公園に指定された竹ノ子島周辺。このエリアは流れ込む川がないため年間を通して透明度が高く、サンゴや魚が豊富。ソラスズメダイやクマノミといった南方の魚をはじめ、キビナゴやタコなど食卓でおなじみの生物もたくさん見られる。

クマノミが
待ってるよ〜

定員66人の大型ボートなので、揺れが少なく快適なのが魅力

海の中は
幻想的！

木口汽船 川口孝章さん

竹ノ子島周辺の海。船上からサンゴが見えるほどの透明度。クマノミやソラスズメダイがたくさん

半潜水式のグラスボート。スペースが広く子供も安心

断崖も
余裕です♪

無人島の屋根尾島には野生のヤギが生息。陸上の風景もチェック

青い海に浮かぶ緑の島々に探検気分が盛り上がる！

木口汽船グラスボートシーガル [MAP] P.58C2 [所要] 約45分
[交] 福江港発着 [住] 五島市東浜町2-3-1(福江港ターミナル)
[電] (0959)73-0003 [時] 10:10〜、11:10〜、14:00〜、15:00〜
[休] 9月1日〜7月19日※予約により、大人5人以上または1万円にて運航 [料] 2300円 小学生以下1150円 [駐車場] あり
[予約] 9月1日〜7月19日は必要 [URL] www.kiguchi-kisen.jp

福江島 カラフルな海中世界を遊覧！

体験ダイビング

誰でも簡単なレクチャーを受けるだけで楽しめる体験ダイビング。屋根尾島か多々良島周辺の水深4〜10mほどの静かな入江がフィールドとなる。浅瀬にはサンゴが点在し、クマノミやスズメダイが群れる様子は竜宮城のよう。ダイビングの時間は20分ほど。その後はスノーケリングをするなど午前中いっぱい海を満喫できる。

ゆっくり安全に
サポートしますよ

福江港からダイビングボートに乗って約15分。真っ青な海に浮かぶ屋根尾島や多々良島へ

五島ダイビング ラグーン
マイケル・カーターさん

不安は
ここで解消！

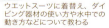

イソギンチャクの家に
クマノミの家族が

インストラクターとマンツーマンで潜るので初めてでも安心。まずは水に慣れよう

ウエットスーツに着替え、ダイビング器材の使い方や水中での動き方などについて教わる

浅いので
明るい♪

海の中はまるで竜宮城。フレンドリーな魚たちが寄ってくる。慣れたら泳いでみて

五島ダイビング ラグーン [MAP] P.58C1 [所要] 約3時間 [交] 福江港発着
[住] 五島市玉之浦町玉之浦1614 [電] (0959)87-2233 [時] 9:20〜12:20頃
[休] 12月〜4月中旬※不定休あり [料] 1万5000円 [駐車場] あり
[予約] 前日までに必要 [URL] lagoon.tn.goto-tv.ne.jp

VOICE 福江島の周辺には、上級者向けのダイビングスポットが点在。竹の子島や屋根尾島の流れの速い場所では、ヒラマサなどの回遊魚を狙ってドリフトダイビングが楽しめるほか、福江港のすぐ沖には、魚群が渦巻く全長約100mの巨大沈船が！

白砂が輝く
超人気ビーチ

リゾート感たっぷりの極上ビーチ巡り
魅惑のビーチセレクション

透明度抜群の青い海と真っ白な砂浜に縁どられた下五島。
ホワイトサンドビーチを中心に、おすすめの海岸を厳選！

福江島／三井楽
高浜海水浴場
たかはまかいすいよくじょう
緑に囲まれて白砂が輝く、五島列島を
代表するビーチ。夏はバナナボートや
水上バイクの体験も。
MAP 折り込み① B2
交 福江港から車で約40分

👣 トイレ　✈ シャワー　👕 更衣室　🏪 売店　👮 監視員　P 駐車場

※監視員がいるのは7月中旬から8月下旬の夏休み期間のみ。常駐時間が限られるので注意。売店の営業も夏期に限られる場合が多い。

遠浅の砂浜が
どこまでも続く

市街地から近い
お手軽ビーチ

福江島／三井楽
頓泊海水浴場
とんとまりかいすいよくじょう
高浜海水浴場の隣にある遠
浅の広々としたビーチ。喧
騒から離れ波も穏やかなの
でファミリーに人気。
MAP 折り込み① B2
交 福江港から車で約40分

福江島／浜町
香珠子海水浴場
こうじゅしかいすいよくじょう
福江から直通バスが走る
地元でも人気のビーチ。海
の家での五島そうめん流し
が名物。
MAP 折り込み② C3
交 福江港から車で約20分

福江島／富江
多郎島海水浴場
たろうじまかいすいよくじょう
さんさん富江キャンプ村に隣
接し、バンガローでのキャン
プやアスレチックも楽しめる。
MAP 折り込み① C4
交 福江港から車で約30分

福江島／岐宿
浜田海水浴場
はまだかいすいよくじょう
溶岩の磯に囲まれた白
い砂浜が独特の景観。
魚津ヶ崎キャンプ場に近
くアウトドア派に人気。
MAP 折り込み① C1
交 福江港から車で約20分

福江島／玉之浦
小浦海水浴場
こうらかいすいよくじょう
玉之浦地区の小さな湾に延
びる、静かな穴場ビーチ。
夏は予約制のシーカヤック
体験ができる。
MAP 折り込み① A3
交 福江港から車で約1時間

福江島／浜町
大浜海水浴場
おおはまかいすいよくじょう
集落の目の前に真っ白なビーチが広
がる。サンセットスポットとしても知ら
れている。
MAP 折り込み① D3
交 福江港から車で約20分

島の人たちの
憩いの場

奈留島
宮の浜海水浴場
みやのはまかいすいよくじょう
長い岬に囲まれた穏やかな湾。玉砂利な
ので砂が舞い上がらず、常に透明度が高い。
MAP P.74B2
交 奈留港から車で約10分

奈留島／前島
前島ビーチ
まえしまびーち
奈留島から海上バスで
渡る前島に延びる。施
設はなく雄大な自然が
魅力。奥には未津島が。
MAP P.74B3
交 前島港から徒歩約15分

　大瀬崎灯台を望む高台からの景色は筆舌に尽くしがたい絶景でした。高浜海水浴場の情景も目に焼き付いて離れません。自然豊かで
神秘的で言うことなし！　すばらしい島旅になりました。
（京都府　アイナッツさん）

福江島 福江島のシンボルをさわやか散歩

鬼岳トレッキング

標高315mの鬼岳は、その勇壮な名称とは反対に、丸みを帯びたやわらかな形状で古くから市民に親しまれている。芝に覆われた丘陵ではのんびり過ごす家族連れの姿が多く、鬼岳を半周するトレッキングも楽しめる。緩やかな斜面を上ると臼状の火口が広がり、季節の花が咲く尾根は気持ちのよい散策ルート。半周した所で下りになり、舗装されたサイクルロードを右に進むと1周できる。

五島市椿園から見た鬼岳。西海国立公園内にそびえる福江のシンボル

芝に覆われた丘陵では、のんびりしたり凧揚げを楽しんだりする市民の姿が

火口の尾根伝いを歩くと、眼下に福江の市街地や美しい海が広がる

自然がいっぱい

MAP 折り込み① D3
所要 約1時間
交 福江港から車で約15分
駐車場 あり

上／トレッキングは暑さがやわらぎ虫の少ない10月頃がベストシーズン　右／駐車場やトイレを完備しており、誰でも気軽に訪れることができる

福江島 気軽に楽しむ華やかな天体観測

スターウオッチング

鬼岳の南斜面に建てられた天文台から、五島の空を埋め尽くすきらめく星空を観察する。今にもこぼれ落ちそうな天の川が肉眼でもはっきり見え、その美しさに心が震える。館内には口径60cmのニュートン式反射望遠鏡を備え、強烈な光を放つ星をクローズアップ。ガイドさんの解説もあり、星の知識がなくても楽しめるのがうれしい。

望遠鏡で見ると、星の色や大きさなどの違いがはっきりとわかる

さそり座！

左／天文台スタッフによる星空の話も興味深い。質問にも答えてくれる　右／天候によっては、雲を待つ間に星座のビデオが上映されることも

鬼岳天文台 **MAP** 折り込み① D3　**所要** 約1時間　**交** 福江港から車で約15分　**住** 五島市上大津町2873-1　**時** 18:00〜22:00(スターウオッチングは通常20:00頃から)　**料** 310円、高校生230円、小・中学生160円　**駐車場** あり　**予約** 当日の17:00までに必要　**問** 鬼岳四季の里 ☎ (0959)74-5469

季節ごとに夜空を彩る星雲や星団など貴重な星々を見せてくれる

 福江島の西部にそびえるのは、九州百名山に数えられる七ツ岳。7つの峰が連なる標高431.5mの山で、眺望のよい縦走が人気を集めている。急斜面やガレ場の多いコースなので、きちんとした装備で挑もう。

かわいい商品は購入も

ガラスの配色を楽しんで♪

色の組み合わせで無限の可能性が生まれる

ガラスが織りなす
美麗なアート

ステンドグラス制作

幻想的な光で教会を彩るステンドグラス。
色ガラスが世界でただひとつのアイテムに。

厳かな雰囲気に包まれた教会で、淡い光を放つステンドグラス。色とりどりのガラスを組み合わせ、キリストの生涯を表現したり、宗教的なモチーフを描いたりする。聖堂を彩る装飾は文句なしに美しく、光のアートといっても過言ではない。538ステンドグラス工房では、そんなステンドグラス制作を気軽に体験できる。れんが造りの工房は、ステンドグラスから華やかな光が差し込むメルヘンチックな空間。初心者でも簡単なキーホルダーのほか、小物入れやランプシェードといったインテリアが作れる。メンバーが一つひとつ手作りした小物は販売もしており、ぬくもりを感じさせる一品みやげとして密かな人気商品になっている。

538 ステンドグラス工房
代表 濱崎由美子さん

※多忙につき長期間、電話に出られないことがありますので、スケジュールに余裕をもってのご予約をお願いします。

上／ステンドグラスから柔らかな光が差し込む
下／明治時代の倉庫を改装した

もっと 知りたい！

三井楽教会の
ステンドグラスに注目

三井楽教会に飾られたステンドグラスは、代表の濱崎さんをはじめとしたボランティアによって作られたもの。6年以上をかけて完成したステンドグラスは、愛情に満ちている。

キリストの生涯を描いている

538 ステンドグラス工房
MAP 折り込み① B1　**所要** 約1時間　**交** 福江港から車で約50分。または**❶**三井楽から徒歩約20分　**住** 五島市三井楽町濱ノ畔 806-9　**電** 090-1977-8481　**時** 10:00～15:00　**料** 1000円～　**休** 不定休　**予約** 必要　**駐車場** あり

スケジュール

所要時間 約**1**時間	体力レベル

10:00 カットしたガラスの切断面を磨く
デザインと色を決めたら、先生がガラスをカット。ルーターを使い、滑らかになるまで切断面を磨く。ガラスの色によって雰囲気がまったく異なる。

小さいパーツもていねいに

10:10 銅板テープを使って枠作り
銅板テープでパーツの枠を作る。ガラスのふちにテープを巻くだけだが、次の工程につながる重要な作業なので、歪みやしわが出ないように。

ここで仕上がりに差が出る

10:25 ガラスをハンダでくっつける
銅板の上だけにのるハンダの性質を利用し、パーツとパーツを固定。ハンダはやり直しができるのでちょっと安心……。固まったら細かいキズを付ける。

ハンダを伸ばすイメージで

10:40 ハンダ部分をきれいに磨いて
硫酸銅を塗って酸化させ、さらに特殊な溶剤で黒くする。あとは磨き粉を使って全体的によく磨く。マット加工のようになって、ぐっとおしゃれに。

レトロな雰囲気が出てくる

10:50 チェーンを付けたら完成～！
きれいに磨けたら、ハンダでチェーンを固定してキーホルダーの完成。光に透かすと表情が現れるのがガラス製品の魅力。五島ならではのおみやげに。

色の組み合わせに個性が！

 538ステンドグラス工房の濱崎さんがこの世界に入ったのは15年ほど前のこと。割れた子供部屋の窓ガラスを、ステンドグラスにするため工房へ習いにきたのが最初。タイミングよく三井楽教会のステンドグラス制作に参加し、ハマってしまったそう。

福江島 勇壮な伝統の凧を作ろう

ミニバラモン凧絵付け体験

兜をくわえ込む鬼を描いたバラモン凧は『羅生門』の鬼退治を表現した民芸品。男の子の成長と出世を願い、初節句のお祝いに贈る風習が伝わっている。体験ではミニサイズの凧に自分の好きなように色を塗ることができる。細かい色塗りは意外に大変だが、完成した凧は色鮮やかでおみやげにも喜ばれる。

どれにしようかな

バラモンとは五島列島の方言で「活発な」とか「元気のよい」という意味。迫力ある凧はその名にぴったり

塗り絵感覚で楽しんで♪

骨組みまで仕上がった白い凧に、好きなマーカーで色を塗る

ゆっくりていねいに

お手本はあるが、自由に塗ってOK。世界にひとつだけの個性的な凧に仕上げよう

最後に目を入れたら完成。鬼に向かう武士の勇壮な姿が描かれている

五島市観光協会
平山良太さん

できた〜！

本物は全長150cmほどのものも。空に揚げるとブーンという音がする

福江武家屋敷通りふるさと館　MAP P58B3　所要 約2時間
交 福江港から徒歩約15分　住 五島市武家屋敷2-1-20
電 (0959)72-2083　時 8:30〜15:00　休 11〜6月の月曜
（祝日の場合は翌日）　料 2000円　予約 必要

福江島 自分で作るオリジナルアクセ

サンゴアクセサリー作り

かつて男女群島沖で取れるサンゴで栄えた五島列島。水深千数百mという深海で500〜600年かけて育った、貴重な深海サンゴが宝石に使われる。淡いピンクサンゴを使ったペンダント作りは、粗削りしたサンゴの玉を3段階のやすりで磨いていく。きれいに磨かれたペンダントは、フォーマルにもカジュアルにも使えそう！

凧の色にフィット♪

深海サンゴの硬度は歯の3倍。細かい彫刻は経験の長い職人にしかできないが、磨く作業なら初心者でもできる

軽く押さえて

まずはサンゴの玉を研磨機の窪みに入れて、きれいな丸みをつける

手持ちの紙やすりで磨いたら、仕上げは細かい電動やすりでつるつるにする

手作りアクセ！

サンゴのペンダントトップにチェーンを付けたら、自作アクセサリーの完成

とってもキュート

出口さんご
平山宣子さん

出口さんご　MAP 折り込み①C3　所要 約20分〜　交 福江港から車で約30分。または❶宮下からすぐ　住 五島市富江町松尾662-1　電 (0959)86-0613　時 9:00〜17:00　休 なし　料 2200円〜　カード 可　予約 必要

voice 出口さんごの2階はサンゴをテーマにした珍しい資料館・売店になっている。館内には芸術的な細工を施された作品が展示され、存在感ある美術品のなかには億単位の価値があるものも。真っ暗な深海に育まれたサンゴが見せる多彩な表情に驚くはず。

美景に恵まれた五島のメインアイランド

福江島エリアガイド
ふくえじま

福江島は飲食店や宿泊施設が多い五島列島最大の島。五島藩の城下町が広がっていた福江、遣唐使船が寄港した三井楽、宝飾サンゴで栄えた富江など、個性的な歴史をもつ町が点在している。大瀬崎灯台をはじめとした美景を巡る旅へ。

観る・遊ぶ
自然が織りなす美しい風景を楽しむ

福江のシンボル鬼岳や南西端の大瀬崎灯台など、スケールの大きな景勝地が充実。高浜海水浴場をはじめとした白砂の美しいビーチも多い。大切に守り継がれる13の教会も見どころのひとつ。

買 う
大型店で五島の特産品をまとめ買い

福江港ターミナルのみやげ物店は品揃えが豊富で、帰る前に購入できるのが便利。香珠子ビーチに面した椿物産館や鬼岳の四季の里も、名産品が充実している。福江商店街にはオリジナルのお菓子を扱う専門店も。

食べる・飲む
自然の恵み、五島の郷土料理を味わう

魚介をはじめ五島牛や五島うどんなど、五島の名物料理は多種多様。福江港周辺には居酒屋からステーキ専門店、カフェまでたくさんの店が集まっている。その他の町にある名店店を訪れるのも楽しい。

泊まる
ビジネスホテルや民宿が充実している

福江はビジネス需要もある町なので、モダンなホテルから民宿まで宿泊施設には事欠かない。朝夕食付きのプランが一般的だが、港周辺には飲食店が多いので、素泊まりで島の料理を堪能するのもよい。

福江中心部
MAP 折り込み①D2

voice 富江の中心部には、かつて五島藩の藩庁として機能した陣屋が並んでいた。その遺構のひとつが富江陣屋の石蔵。350年以上を経てもズレない玄武岩の切石技術が見事。

📷 展望台　エリア 玉之浦　MAP 折り込み① A4

大瀬崎灯台
おおせざきとうだい

日本で最後に沈む夕日を眺める

　福江島の最西端に位置し、男女群島や沖縄を除いて日本で最も遅い時間に沈む夕日を眺められる。展望所から遊歩道を使って、片道20分ほどで灯台まで行くことができる。

左／東シナ海に沈む夕日。12月31日は観賞会が開かれ年越しそばがふるまわれる
右上／断崖が延びる昼間の風景も迫力満点
右下／白亜の灯台

🚗 福江港から車で約1時間。または🚏大瀬崎口から徒歩約40分
🅿️ あり

📷 景勝地　エリア 三井楽　MAP 折り込み① B2

魚籃観音
ぎょらんかんのん

抱えたタイが豊漁祈願の証

　高浜海水浴場を見下ろす高台に立つ観音。東シナ海での漁業の豊漁と安全を祈って建てられた。目の前には嵯峨島（下段）が浮かび、船の往来を見ているだけで心が和む。

上／高浜海水浴場を眺めるならココ！
奥は頓泊海水浴場
左下／手元のタイがかわいい
右下／目の前には嵯峨島が

🚗 福江港から車で約40分。または🚏貝津から徒歩約10分
🅿️ なし

📷 公園　エリア 岐宿　MAP 折り込み① C2

魚津ヶ崎公園
ぎょうがさきこうえん

水平線に沈むダイナミックな夕日は必見

　遣唐使船が最後に寄泊した地として知られる魚津ヶ崎は、西海国立公園内にある自然豊かな岬。キャンプ場のバンガローは、エアコンやシャワー、トイレ併設で快適。

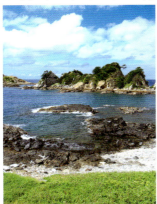

左／入り組んだ岩に囲まれた穏やかな湾
右上／秋は色鮮やかなコスモスが華やか
右下／一面、黄に染まる菜の花は春の風物詩

🚗 福江港から車で約30分。または🚏魚津ヶ崎から徒歩約15分
🏠 五島市岐宿1218-1　🅿️ あり

📷 島　エリア 三井楽　MAP 折り込み① A2

嵯峨島
さがのしま

荒波にさらされた雄々しい海岸線が続く

　福江島の西に浮かぶ200人ほどが暮らす小さな島。周囲はおよそ12kmで、北に男岳、南に女岳という山がそびえる。毎年8月14日にはオーモンデーという念仏踊りが披露される。

左／1918年に建てられた木造の嵯峨島教会
右上／花に彩られた嵯峨島小中学校　右下／西側に千畳敷と呼ばれる火山海食崖が広がる

🚗 福江港から車で約50分＋船で約15分
🚢 貝津港からの渡海船往復880円　🅿️ あり（貝津港）

VOICE　福江島の約4km沖に浮かぶ嵯峨島は、ほとんど観光開発されていない素朴な島内風景が魅力。約8kmの専用道路で島を1周できるようになっているが、途中に売店などはないので、装備やお弁当、水などしっかり準備をしておこう。

📷 展望台　[エリア] 岐宿　[MAP] 折り込み① C2

城岳展望所
しろだけてんぼうじょ

岐宿の町並みから五島の島々までを一望

　城岳という名称は、五島家の8代宇久覚がこの地に城を築いたことに由来する。遊歩道を上った第一展望所からは、福江島北部と上五島の島々をパノラマで眺められる。季節によって色彩が変化する景観が美しい。

上／岐宿の町や八朔台地、北部の島々が見える　左下／展望所の上は携帯電話の無線中継基地　右下／風力発電研究所も

🚗 福江港から車で約30分　🅿 あり

📷 公園　[エリア] 福江　[MAP] 折り込み① D3

五島市椿園
ごとうしつばきえん

鬼岳の山頂を眺めながら公園散策

　鬼岳の中腹に広がるツバキ園で、隣接する鬼岳樹林園と合わせ五島椿森林公園と呼ばれる。園内にはヤブツバキを含め、275種、約3000本のツバキが植えられ、幻のツバキといわれる玉之浦ゾーンも設けられている。

左／きれいな芝が広がる園内。目の前に鬼岳の山頂が　右上／ツバキの花は2月頃に最盛期を迎える　右下／純白の縁取りが美しい玉之浦は五島で発見

🚗 福江港から車で約15分　🅿 あり

📷 展望台　[エリア] 富江　[MAP] 折り込み① C4

只狩山展望所
ただかりやまてんぼうじょ

サクラに囲まれ富江の町を望む

　標高84mの只狩山山頂にある展望所。らせん状の三層になっていて、富江の町や湾に浮かぶ島々、鬼岳を一望できる。展望所脇には新田次郎の小説『珊瑚』（→P.121）の記念碑がある。

🚗 福江港から車で約30分。または🚌只狩山口から徒歩約12分
🅿 あり

📷 公園　[エリア] 三井楽　[MAP] 折り込み① B2

白良ヶ浜万葉公園
しららがはままんようこうえん

色とりどりの花が咲く南国ムードを満喫

　遣唐使船を模した展望台や万葉集ゆかりの花々など、遣唐使船の寄港地としてにぎわった当時の三井楽をしのばせる公園。ローラースライダーやアスレチックなどが備わる市民の憩いの場。

🚗 福江港から車で約30分　🅿 あり

📷 景勝地　[エリア] 福江　[MAP] 折り込み① D3

鐙瀬溶岩海岸
あぶんぜようがんかいがん

雄々しい溶岩質の海岸線が続く

　複雑に入り組んだ海岸は、かつて鬼岳火山から流れ出た溶岩が海で冷えて形成されたもの。周辺は対馬暖流の影響で温暖な気候に恵まれ、南方系植物が繁茂する独特の景観を見せている。

🚗 福江港から車で約20分。または🚌鐙瀬から徒歩約5分
🅿 あり

📷 博物館　[エリア] 福江　[MAP] 折り込み① D3

鐙瀬ビジターセンター
あぶんぜびじたーせんたー

五島の自然情報を多彩な角度から紹介

　鐙瀬溶岩海岸の入口に立つ市の施設。五島で見られる動植物などの自然情報を、ビデオ、ジオラマ、パネルなどを使ってわかりやすく紹介している。

🚗 福江港から車で約20分
🏠 五島市野々切町1333-3　📞 (0959)73-6955　🕐 9:00〜17:00
(7・8月は〜18:00)※最終入場は30分前　💴 無料　🅿 あり

岐宿の魚津ヶ崎公園は、9月下旬から10月下旬頃まで約150万本のコスモスで埋め尽くされる。またコスモスが開花する前の春には菜の花、夏にはヒマワリが。夏前はアジサイが咲き、五島市民にも人気のスポットになっている。

📷 景勝地　エリア 三井楽　MAP 折り込み① B1

空海記念碑 辞本涯
くうかいきねんひ じほんがい

日本の最果てで遣唐使を思う

三井楽北部の柏崎に立つ、第16次遣唐使として五島に寄港した空海の像。辞本涯とは日本の果てを去るという意味で、空海が残した言葉。沖にはかつてのキリシタンの島、姫島が。

🚗 福江港から車で約50分　🅿️ あり

📷 景勝地　エリア 三井楽　MAP 折り込み① B1

渕ノ元カトリック墓碑群
ふちのもとかとりっくぼひぐん

東シナ海に沈む夕日が心を打つ

渕ノ元は、江戸時代に長崎の外海地区から多くの農民が移住してきた地。海を望む高台のカトリック墓地には、十字架を掲げた墓地やマリア像がたたずむ。夕日の美しさは絶品。

🚗 福江港から車で約50分　🅿️ あり

📷 景勝地　エリア 三井楽　MAP 折り込み① B1

高崎草原
たかさきそうげん

潮風に揺れる葉が心地よい♪

三井楽の北側に広がる高崎鼻周辺の草原。真っ青な海とさわやかな緑のなかで散策を楽しめる。近くには公園もあるので、ドライブついでの休憩にも最適。サンセットスポットとしても人気。

🚗 福江港から車で約50分　🅿️ あり

📷 博物館　エリア 福江　MAP 折り込み① D2

堂崎民俗資料館
どうざきみんぞくしりょうかん

神学校の教室がそのままに

堂崎天主堂からすぐ。神学生が学んだ教室に、キリシタンの生活を知る資料が展示されている。

🚗 福江港から車で約25分。または🚌堂崎天主堂から徒歩約3分　🏠 五島市奥浦町堂崎2019　☎️ (0959) 73-0705　🕐 9:00～17:00頃 (7月21日～8月31日は～18:00頃、11月11日～3月20日は～16:00頃)　💴 100円　🈳 なし　🅿️ あり

📷 滝　エリア 岐宿　MAP 折り込み① C2

ドンドン渕
どんどんぶち

太鼓をたたくような音が山間に響く

駐車場から5分ほど山を歩くと、豪快に流れ落ちる滝が見えてくる。権現岳の麓にあたり、水量が豊富なため枯渇することはないという。夏は滝壺で水遊びを楽しむ家族連れでにぎわう。

🚗 福江港から車で約20分＋徒歩約5分　🅿️ あり

📷 博物館　エリア 福江　MAP P.58B2

五島観光歴史資料館
ごとうかんこうれきししりょうかん

福江城の跡に立つ資料館

天守閣を模した館内の1～3階に、遣唐使など五島の歴史、島民の生活についてのくわしい展示が。

🚗 福江港から徒歩約5分　🏠 五島市池田町1-4　☎️ (0959) 74-2300　🕐 9:00～17:00 (6～9月は～18:00) ※最終入館は閉館の30分前　🈳 なし　💴 300円、小・中・高校生100円　🅿️ あり　🔗 www.city.goto.nagasaki.jp/rekishi

📷 公園　エリア 富江　MAP 折り込み① C4

多郎島公園(さんさん富江キャンプ村)
たろうじまこうえん (さんさんとみえきゃんぷむら)

手ぶらで気軽にアウトドア体験

多郎島海水浴場を中心に広がる施設。海水浴をはじめ、魚取り体験やキャンプなどを楽しめる。シャワーと更衣室を完備し、ゴザの貸し出しなども行っている。

🚗 福江港から車で約40分。または🚌キャンプ村入口から徒歩約3分　🏠 五島市富江町土取1333　☎️ (0959) 86-2920　🅿️ あり　🔗 www.sansan-tomie.jp

📷 博物館　エリア 三井楽　MAP 折り込み① B2

道の駅 遣唐使ふるさと館
みちのえき けんとうしふるさとかん

休憩にぴったりな福江島観光の中継基地

遣唐使に関する展示をはじめ三井楽の歴史や自然、文化を紹介。展望台からは三井楽の大自然を眺められる。物産販売やレストランも併設されている。

🚗 福江港から車で約35分　🏠 五島市三井楽町濱ノ畔3150-1　☎️ (0959) 84-3555　🕐 9:00～18:00　🈳 なし　🅿️ あり　🔗 kentoushi-furusatokan.com

voice 多郎島公園では予約制で伝統のすけ漁を体験できる。これは潮が満ちたときに磯に小石を並べて石垣を作り、潮が引いたときに逃げ場を失った魚を捕らえるというもの。縄文時代から伝わる古典的な漁法で、魚が豊富な五島でも盛んに行われていたそう。

📷 美術館　　エリア 福江　MAP P.58B3

山本二三美術館
やまもとにぞうびじゅつかん

二三雲で知られる五島出身の美術家

『天空の城ラピュタ』や『もののけ姫』など、日本を代表するアニメーション映画の美術監督を務めてきた山本二三氏の作品を展示。出身地の五島を描いた作品群も大迫力。

上／アトリエを再現　左下／名作の背景がいっぱい　右下／1863年築の武家屋敷を改修した

🚃 福江港から徒歩約10分　🏠 五島市武家屋敷2-2-7　📞 (0959) 76-3923　🕐 9:00〜18:00　休 月曜（祝日の場合は翌平日）
料 400円、小・中・高校生200円　駐車場 あり
URL www.goto-yamamoto-nizo-museum.com

📷 寺院　　エリア 福江　MAP 折り込み① D3

明星院
みょうじょういん

五島で最も古い木造建築物

本堂の天井には狩野永徳の弟子、大坪玄能による121枚の花鳥図が並ぶ。中央に黒龍、四隅に上半身が人間で下半身が鳥の図を配すなど謎が多い。

🚃 福江港から車で約10分。または🚌明星院からすぐ　🏠 五島市吉田町1905　📞 (0959) 72-2218
🕐 9:00〜12:00、13:00〜17:00　休 月曜、1・28日　駐車場 あり

📷 温泉　　エリア 福江　MAP 折り込み① D3

鬼岳温泉
おにだけおんせん

緑に囲まれた露天風呂でのんびり

褐色の露天風呂は、神経痛や疲労回復に効果がある鉄泉の天然温泉。内風呂は地下250mの地下水を使用している。

🚃 福江港から車で約15分
🏠 五島コンカナ王国内→P.6C
📞 (0959) 72-1348　🕐 15:00〜21:00　休 なし
料 600円、3歳〜小学生300円　駐車場 あり　URL conkana.jp

📷 市場　　エリア 福江　MAP P.58C1

福江市魚市
ふくえしうおいち

活気あふれる競りを見学

早朝に五島近海で取れた魚が並ぶ。購入はできないが競りの見学は可能。毎朝5:30頃から準備が始まるので、6:30頃に行くのがベスト。床がぬれて滑りやすいので注意して。

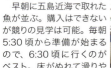

🚃 福江港から車で約5分　🏠 五島市福江町1190-76
📞 (0959) 72-1541　🕐 6:00〜10:00頃　休 不定休　駐車場 あり

📷 温泉　　エリア 岐宿　MAP 折り込み① C1

岐宿温泉
きしくおんせん

地元の常連客が憩うのどかな温泉

地元客が訪れる小さな温泉施設。保温効果の高い塩化物泉で、神経痛や関節痛、疲労回復などに効果がある。

🚃 福江港から車で約30分。または🚌岐宿から徒歩約5分
🏠 五島市岐宿町岐宿396-1　📞 (0959)82-1525　🕐 14:00〜19:00　休 月曜、第2日曜　料 310円、中学生以下150円　駐車場 あり

📷 寺院　　エリア 玉之浦　MAP 折り込み① B4

大宝寺
だいほうじ

空海が布教をした西の高野山

701年（大宝元年）の建立とされる五島最古の寺。806年、空海が唐の帰りに寄り、布教をしたと伝わる。本殿には、最澄が寄進した十一面観音や左甚五郎作の猿の彫刻がある。

🚃 福江港から車で約40分　🏠 五島市玉之浦町大宝631
📞 (0959) 87-2471　休 なし　駐車場 あり

📷 温泉　　エリア 富江　MAP 折り込み① C3

富江温泉センターたっしゃかランド
とみえおんせんせんたーたっしゃからんど

温泉とプールで1日中楽しめる！

大浴場や打たせ湯、露天風呂などを備えた温泉施設。冷え症には効果的な塩化物泉を引いている。プールも併設され家族連れに人気。

🚃 福江港から車で約25分。または🚌宮下からすぐ
🏠 五島市富江町松尾662-2　📞 (0959) 86-3939　🕐 10:00〜21:00　休 29日以降　料 510円（プールは310円）　駐車場 あり

---

voice 大宝寺の本殿から境内奥へ向かうと、小高い丘に奥の院が立つ。院内に祀られる子宝地蔵は、裸で抱きつくと子供を授かると、古くから地元の人たちに信仰されてきた。現在は、結婚成就や安産祈願のために多くの拝観者が訪れる。

居酒屋　エリア 福江　MAP P.58A2

いけす割烹 心誠
いけすかっぽう しんせい

新鮮な魚介を中心に五島の味覚を楽しむ

大きな生けすに多種多様な魚が泳ぐ福江随一の人気店。旬の魚介を中心に郷土料理を味わえる。五目釜飯 900 円や生うに釜飯 3500 円など約 20 種以上の釜飯も店の名物。

左／ハコフグ 2000 円やキビナゴ 800 円など名物料理が　右上／予約必須！　右下／板場を囲む L 字カウンター

交 福江港から徒歩約15分　住 五島市福江10-5
電 (0959)74-3552　時 11:00〜14:00、17:00〜22:00
休 不定休　カード 可　駐車場 あり　URL www.shinsei.asia

ステーキ　エリア 福江　MAP P.58A2

和風レストラン 望月
わふうれすとらん もちづき

軟らかく深みのある五島牛のステーキ

五島牛なら望月と、地元でも知られた存在。ミネラル豊富な牧草を食べて育った、うま味が凝縮された赤身を味わえる。じっくり煮込んだビーフシチュー 2100 円もおいしい。

左／黒胡椒がうま味を引き立てる特選五島牛ロースステーキセット(150g) 4400 円　右上／手頃な五島牛丼1050 円　右下／テーブルと小あがりを用意

交 福江港から徒歩約15分　住 五島市福江町5-12　電 (0959)72-3370　時 11:00〜14:00 (L.O.)、17:00〜20:30 (L.O.) ※材料がなくなり次第終了　休 火曜　カード 可　駐車場 あり

和食　エリア 福江　MAP P.58A2

四季の味 奴
しきのあじ やっこ

王道の魚介料理が揃う福江きっての老舗店

福江で魚を味わうならここ、と評判の割烹料理店。L 字型のカウンターに座ると、目の前の水槽に地魚やエビが泳ぐ。旬の魚介をさまざまな調理法で楽しませてくれる。

上／アラカブのから揚げ 600 円〜と刺身盛り合わせ 1800 円　左下／陽気な大将との会話も楽しみ　右下／福江の中心部に立つ

交 福江港から徒歩約10分　住 五島市中央町4-10
電 (0959)72-3539　時 18:00〜23:00 (L.O.22:30)
休 日曜 (不定休あり)　駐車場 なし

寿司　エリア 福江　MAP 折り込み① D2

寿し善
すしぜん

地元の人も認めるコスパ抜群の地魚にぎり

常連が足しげく通う、安くておいしい寿司店。にぎりやちらしは 800 円からと格安。地元で取れた魚介を中心に揃え、人気店だからこそ常に新鮮なネタが提供できる。

上／上にぎり 1400 円。魚のアラたっぷりの白だし 200 円も美味　左下／特に昼は予約が安心　右下／カウンターのほかに座敷あり

交 福江港から車で約12分。または①馬責馬場から徒歩約2分
住 五島市木場町241-15　電 (0959)72-7951
時 11:00〜21:00　休 不定休あり　駐車場 あり

---

voice 五島牛を気軽に味わいたい人におすすめなのが、富江町にある精肉店「ニク勝」。五島牛で有名な肉屋さんなのだが、五島牛入りコロッケは知る人ぞ知る名物。富江産のジャガイモとうま味のある五島牛の組み合わせで、ソースがなくてもおいしいと評判！

居酒屋　エリア 福江　MAP P.58C2

かきごや こんねこんね
かきごや こんねこんね

潮風が香るアットホームな空間

　新鮮魚介を中心に地の食材を使った創作料理を堪能。刺身盛りは人数に合わせて調理してくれる。冬は炭火で焼ガキを。

交 福江港から徒歩約5分　住 五島市東浜町1-9-17　電 090-9959-0053　時 18:00～22:00　休 火曜（月・水曜不定休）　カード 可　駐車場 なし　URL goto-garden.wixsite.com/konnekonne

居酒屋　エリア 福江　MAP P.58B2

洋風居酒屋リバプール
ようふういざかやりばぷーる

地元の若者に人気のカジュアル店

　活気があるにぎやかな店内に、仕切りで分かれた個室風の席が並ぶ。刺身など島の食材はもちろん、それ以外のメニューも充実している。地元客に人気が高いので予約を！

交 福江港から徒歩約13分　住 五島市中央町4-34　電 (0959)72-2395　時 18:00～23:00（L.O.）　休 日曜　駐車場 なし

和食　エリア 福江　MAP P.58A2

葵
あおい

つまみから定食まで豊富な和食処

　一品料理のほか、牛かつ定食1100円など食事が充実しているので、夕食にも重宝する和食店。五島牛もつ焼き700円やサザエ700円など、居酒屋としてもハイレベル。

交 福江港から徒歩約15分　住 五島市福江町12-5　電 (0959)74-1631　時 17:00～24:00　休 火曜　駐車場 あり

居酒屋　エリア 福江　MAP P.58B2

お食事処八波
おしょくじどころやつなみ

郷土料理を中心に深夜まで営業

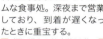

　五島うどんの地獄炊き880円やキビナゴのいり焼き990円など、五島の家庭料理が充実したアットホームな食事処。深夜まで営業しており、到着が遅くなったときに重宝する。

交 福江港から徒歩約10分　住 五島市栄町5-15　電 (0959)74-1091　時 18:00～23:00　休 月曜　駐車場 なし

居酒屋　エリア 福江　MAP P.58A2

居酒屋菜づ菜
いざかやなづな

地元食材を使うおふくろの味

　五島の家庭料理を味わえる商店街にある居酒屋。キビナゴの一夜干し500円、タカセミナ300円、マイカ500円など、地元ならでは の食材を堪能できる。ウナギもおすすめ。

交 福江港から徒歩約13分　住 五島市末広町2-5　電 (0959)72-5368　時 17:00～23:00　休 日曜　駐車場 なし

和食　エリア 福江　MAP P.58A2

五松屋
ごまつや

五島の旬を味わう小料理屋

　毎日仕入れる新鮮な魚介を、ひと手間かけて出してくれる小料理屋。ハガツオ刺身や天ぷら盛りなど豊富なメニューが揃う。まずはその日のおすすめ料理をチェックして。

交 福江港から徒歩約15分　住 五島市福江町12-1　電 (0959)74-5667　時 17:30～23:00　休 日曜　駐車場 なし

焼肉　エリア 福江　MAP P.58B2

味よし
あじよし

貴重な五島牛を焼肉で味わって

　家族で経営する地域密着の焼肉店。仕入れにもよるが、五島牛を1頭買いしているので上カルビでも1980円ほどで味わえるのがうれしい。軟らかい五島牛は焼肉に最適！

交 福江港から徒歩約10分　住 五島市中央町3-23　電 (0959)72-7608　時 17:00～22:00　休 月曜　駐車場 あり

居酒屋　エリア 福江　MAP P.58B2

酒場 松利
さかば まつり

ボリューム満点の大衆酒場

　安くてうまいがモットーの人気店。近海産の天然魚介の刺身三種盛り1200円～ほか、チキン南蛮600円、ギョウザ500円などコストパフォーマンス抜群。

交 福江港から徒歩約10分　住 五島市中央町4-4　電 (0959)74-5078　時 11:00～14:00、18:00～22:00　休 日曜　駐車場 なし

 地元出身の友達にすすめられて、小料理屋の五松屋に行ってきました。観光客は私ひとりであとは地元の常連さん。ちょっと不安になりましたが、料理はすべておいしいし、お客さんとの会話も楽しめるすてきな時間を過ごせました。　　　　（東京都　マーブルさん）

居酒屋　🍶
エリア 福江　MAP P.58A3

ぐり家
ぐりや

島の食材を居酒屋料理で楽しむ

新鮮な魚介はもちろん、五島牛や地鶏しまさざなみなど五島の食材を味わえる。刺身盛り合わせ1500円ほか、定食や麺など食事も。

🚃 福江港から徒歩20分
🏠 五島市三尾野町1-1-14
📞 (0959)88-9686　⏰ 11:30～14:00、17:30～22:00 (L.O.21:30)　休 月曜　カード 可※5000円以上　駐車場 なし

ろばた焼き　🍶
エリア 香珠子　MAP 折り込み① C3

椿茶屋
つばきぢゃや

こだわりの食材を炉端焼きで

香珠子の海を一望する高台の古民家風レストラン。5種類のセットメニューが用意され、厳選食材をろばた焼きで味わえる。

🚃 福江港から車で約20分。または🚌香珠子から徒歩約10分
🏠 五島市浜町1255-1　📞 (0959)73-5940　⏰ 11:00～21:00
休 不定休　予約 前日の16:00までに必要　カード 可　駐車場 あり

焼き鳥　🍶
エリア 福江　MAP P.58B1

焼鳥　廣ノ翼
やきとり こうのとり

通いたくなる、居心地のよい空間

通路の奥にひっそりとたたずむ隠れ家的な焼鳥屋。焼鳥は1本110円～、五島地鶏串は220円。常連客にはホクホクのこうのとりコロッケ550円が人気。

🚃 福江港から徒歩約10分
🏠 五島市江川町2-4　📞 (0959)72-5570
⏰ 18:00～23:00 (L.O.22:00)　休 月曜　駐車場 なし

中国料理　🍶
エリア 玉之浦　MAP 折り込み① B3

とうがらし
とうがらし

保育園跡に登場したうわさの中華

長崎や横浜で修業を積んだシェフが腕を振るう本格中華。ていねいに仕込んだ料理が評判を呼んでいる。一品料理は大小選べる。

🚃 福江港から車で約35分。または🚌老人ホーム前から徒歩約2分　🏠 五島市玉之浦町荒川719-1　📞 080-2733-4708　⏰ 11:00～14:30 (L.O.14:00)、18:00～21:30 (L.O.21:00)　休 月曜　駐車場 あり

居酒屋　🍶
エリア 福江　MAP P.58B2

和風料理家 Sagara
わふうりょうりや さがら

地元の若者が集まる創作和食店

椿油を使用した海鮮カルパッチョ1400円やぷりぷりエビマヨ700円は女性に人気。ランチは五島豚の生姜焼きやトンカツを。

🚃 福江港から徒歩約10分
🏠 五島市中央町7-4
📞 (0959)72-7137　⏰ 11:00～14:00 (L.O.)、17:00～21:00 (L.O.)
休 不定休　駐車場 あり　URL sagara-goto.com

定食　🍶
エリア 福江　MAP P.58C2

うま亭
うまてい

福江島に着いたらまずここへ

ご夫婦で切り盛りすること40年以上の老舗定食屋。焼き魚や小鉢が付いた、五島肉うどん定食970円など、どれもボリュームたっぷり。地元客にも人気が高く、昼はいつも大にぎわい。

🚃 福江港から徒歩約3分　🏠 五島市東浜町1-8-3
📞 (0959)74-3981　⏰ 10:00～19:00　休 水曜　駐車場 あり

和食　🍶
エリア 岐宿　MAP 折り込み① C2

民宿あびる
みんしゅくあびる

五島の魚介をリーズナブルに

料理自慢の民宿に併設された食事処。島の食材にこだわり、刺身定食1430円など新鮮な魚介から五島牛や美豚まで豊富に用意。

🚃 福江港から車で約30分
🏠 五島市岐宿町岐宿3323-2
📞 (0959)82-0251　⏰ 11:00～13:00、16:00～22:00　休 日曜
カード 可　駐車場 あり　予約 必要　URL abiru-goto.com

ラーメン　🍶
エリア 富江　MAP 折り込み① C3

ラーメン敏
らーめんとし

地元で定番の行列ができる店

富江港近くの目立たない場所にありながら、地元の人でいつもにぎわう店。とろみのあるスープにピリッと塩味が絶妙な、えび塩ラーメン750円が人気。

🚃 福江港から車で約30分
🏠 五島市富江町松尾671　📞 (0959) 86-2845
⏰ 11:00～14:00、17:00～20:00　休 火曜　駐車場 あり

 Voice　地元で五島うどんといえば、温かいアゴだしスープと合わせたかけうどんが定番。とはいえ、冷やして食べられないわけではなく、五島ざるうどんや五島ぶっかけうどんを出している店も多い。ぜひ両スタイルを試してみよう。

🍜 うどん 　エリア 福江　MAP 折り込み① D2

五島手延うどん おっどん亭
ごとうてのべうどん おっどんてい

製麺所併設の食堂で五島うどんを！

　五島うどんの本場、中通島に本社をもつ中本製麺の直営店。名物の地獄炊きうどん 650 円など、のど越しのよい五島うどんを堪能。

🚗 福江港から車で約10分
🏠 五島市吉久木町831-1
📞 (0959) 72-4846　🕐 11:00〜14:30（売店は9:00〜17:00）　休 火曜（売店はなし）　🅿 あり　URL gotoudon-nakamoto.com/ottdontei

---

🍜 郷土料理 　エリア 三井楽　MAP 折り込み① B2

みいらく万葉村
みいらくまんようむら

地元の食材・調理法にこだわる

　地産地消をうたったレストラン。日曜、祝日は地元の食材を使った郷土料理バイキング 1100 円を実施する（お盆は毎日）。

🚗 福江港から車で約35分
🏠 道の駅 遣唐使ふるさと館内→P61　📞 (0959) 84-3555　🕐 11:30〜14:00 (L.O.13:30)、18:00〜21:00 (L.O.20:00)　休 なし　予約 夜は必要　🅿 あり

🍜 郷土料理 　エリア 福江　MAP 折り込み① D2

産直市場 五島がうまい 農家レストラン
さんちょくいちば ごとうがうまい のうかれすとらん

農業協同組合が五島の食材をお届け

　平日は五島産コシヒカリやサラダがお代わり自由の定食。土・日曜、祝日は島の食材を使ったバイキング 1100 円を用意している。

🚗 福江港から車で約10分。または🅷病院北口から徒歩約3分
🏠 産直市場 五島がうまい内→P67　📞 (0959) 88-9933
🕐 10:30〜15:00（土・日曜、祝日11:00〜）　休 なし　🅿 あり

🍜 カフェ 　エリア 福江　MAP P.58B2

こふひいや
こふひいや

しっとり落ち着く昭和純喫茶

　1979 年オープンのどこか懐かしい雰囲気の喫茶店。創業以来の味を守るチーズケーキとコーヒーのセット 650 円ほかスイーツも充実。

🚗 福江港から徒歩約10分
🏠 五島市栄町2-14
📞 (0959) 74-5777　🕐 10:00〜21:00（日曜10:00〜20:00）
休 火曜　🅿 あり　URL juicy-8.wixsite.com/coffee-ya

🍵 カフェ 　エリア 福江　MAP 折り込み① D3

カフェレストラン木馬
かふぇれすとらんもくば

紺碧の海を見渡す高台の一軒家カフェ

　2018 年 10 月にオープンしたホテル併設のカフェ。青空に映える白壁と円錐形の屋根が印象的。五島の食材を使った西洋料理やヨーロッパのビール、スイーツなどが揃う。

上／海を眺めながら木馬パフェ 935 円を　左下／ドイツから輸入のダルマイヤコーヒー 605 円　右下／カツサンド 1045 円

🚗 福江港から車で約15分　🏠 五島市向町2527　📞 (0959) 73-7117　🕐 11:00〜21:00※ランチは〜14:00 (L.O.)　休 火曜　🅿 あり　URL mokuba-goto.com

---

🍵 カフェ 　エリア 福江　MAP 折り込み① D3

ソトノマ
そとのま

自宅のようにくつろげるコミュニティスペース

　商店を改装したカフェは、低めのテーブルが並ぶ居心地のよい空間。色とりどりの野菜をはじめ島の食材を使ったプレートやカレーなどを味わえる。食材や雑貨の販売も。

上／手作り感のある快適な店内　左下／スイーツも充実している　右下／ワークショップやイベントが開催されることも

🚗 福江港から車で約10分　🏠 五島市堤町1348-1
📞 (0959) 88-9081　🕐 9:00〜17:00　休 火曜　🅿 あり
URL sotonoma.wixsite.com/home

---

voice 伝統的な手作業でバラモン凧を製作する五島民芸では長さ 45cm から 150cm までのバラモン凧を販売。大型の凧は布張りで名前も入れられる。🏠 五島市上大津町 1387　📞 (0959)72-8591　🕐 9:00 〜 17:00　休 なし　URL gotomingei.web.fc2.com

🏆 カフェ　エリア 奥浦　MAP 折り込み① D2

ねこたま Shop & Cafe
ねこたま しょっぷ あんど かふぇ

体に優しいオーガニックなランチはいかが？

古民家を改装した店内で、人気のコロッケプレートほか、無農薬の自家栽培野菜を使用したメニューを楽しめる。地元の方が製作した雑貨やアクセサリーを販売。

🚌 福江港から車で約15分
🏠 五島市奥浦町1560　☎ (0959) 73-0730　🕐 10:30～17:30
🈴 水～金曜　🅿 あり　URL www.nekotamashop.com

🎁 鯖鮨　エリア 福江　MAP 折り込み① D3

三井楽水産　鬼鯖店
みいらくすいさん おにさばてん

脂ののった贅沢な鯖鮨に感激

東シナ海で揚がる天然真鯖を独自の酢で締めた、うま味たっぷりの鬼鯖鮨。米は五島産のヒノヒカリを使い、北海道産の白板昆布で巻いた逸品。1本1620円。

🚌 福江港から車で約8分
🏠 五島市上大津町1161-1　☎ (0959) 88-9110　🕐 9:00～17:00　🈴 なし　🃏 可　🅿 あり　URL onisaba.com

🏆 カフェ　エリア 福江　MAP P.58B3

Serendip Coffee
せれんでぃっぷ こーひー

島でワーケーションもOK

電源やWi-Fi完備でワーケーションの基地に最適。シングルオリジンのコーヒー450円を飲みながら仕事もはかどる。水曜を除く11:30～15:00はランチも。

🚌 福江港から徒歩約10分
🏠 Serendip Hotel Goto1階→P.70　☎ (0959) 72-3151
🕐 8:00～21:00　🈴 なし　🃏 可　🅿 あり

🎁 装飾品　エリア 福江　MAP 折り込み① C2

ロザリーマリア
ろざりーまりあ

手作りのぬくもりが感じられる逸品

工房を兼ねたロザリオ販売専門店。五島の椿から彫り出したミニロザリオ5500円ほか、ロザリオブレスレットやネックレスが並ぶ。訪問の際は事前に連絡を。

🚌 福江港から車で約20分
🏠 五島市籠淵町184　☎ (0959)88-9234　🕐 11:00～16:00
🈴 不定休　🃏 可　🅿 あり　URL rosarymaria.com

🏆 カフェ　エリア 福江　MAP 折り込み① C2

マヤファクトリー
まやふぁくとりー

気さくな店主の手作りジャムが話題

2017年オープンのアットホームなカフェ。アメリカンプレスで抽出したコーヒー300円は、香り豊かで豆本来の味を楽しめる。季節の柑橘類のジャム500円～。

🚌 福江港から車で約15分
🏠 五島市籠淵1144-5　☎ (0959) 88-9123　🕐 8:00～11:00
🈴 日～火曜、祝日　🅿 あり

🎁 ワイン　エリア 福江　MAP 折り込み① D3

五島ワイナリー
ごとうわいなりー

有機栽培のブドウを使うご当地ワイン

五島コンカナ王国に併設された、長崎県初のワイナリー。飲み口が上品な五島産ワインはスパークリング、白、赤、ロゼが揃いテイスティングもできる。

🚌 福江港から車で約15分
🏠 五島コンカナ王国内→P.69　☎ (0959)74-5277　🕐 10:00～19:00　🈴 水曜　🃏 可　🅿 あり　URL goto-winery.net

🎁 お菓子　エリア 福江　MAP P.58B2

松風軒
しょうふうけん

素朴な餅菓子、八匹雷（はっちかんかん）を

ショーケースにケーキが並ぶ洋菓子店は、実は五島の銘菓、八匹雷の製造元でもある。鬼岳ロール900円やチョコレートケーキ300円（1カット）など、洋風のお菓子も販売している。

🚌 福江港から徒歩約10分　🏠 五島市中央町1-37
☎ (0959)72-4271　🕐 7:00～19:00　🈴 なし　🅿 あり

🎁 特産品　エリア 福江　MAP 折り込み① D2

産直市場 五島がうまい
さんちょくいちば ごとうがうまい

産地直送の農産物がいっぱい

ごとう農業協同組合が運営する農産物直売所。野菜や果物はもちろん、五島牛や五島豚、海産物も買える。

🚌 福江港から車で約10分。または🏥病院北口から徒歩約3分
🏠 五島市籠渕町2450-1
☎ (0959)88-9933　🕐 9:00～19:00（10～3月は～18:00）
🈴 なし　🅿 あり　URL www.ja-goto.or.jp/santyoku

奥浦地区の奥浦海鮮直売所では、土・日曜に新鮮な魚や加工品を販売。養殖マグロも扱っており、解体のタイミングに行けば生マグロが買えることも。🏠 五島市奥浦町2153　☎ (0959)73-0111　🕐 10:00～15:00　🈴 月～金曜　🅿 あり

おみやげ　エリア 福江　MAP P.58C2

五島市観光協会売店
ごとうしかんこうきょうかいばいてん

乗船前におみやげをゲット

五島のおみやげが揃う便利な店。椿油1520円、サンゴのネックレス3万8000円など多彩。大きなみやげ物店が少ない大島では、立地もよくありがたい存在。

🚃 福江港ターミナル内
🏠 五島市東浜町2-3-1 福江港ターミナル1階　☎ (0959)72-2963
🕐 8:30～17:00　休 なし　🅿 あり

おみやげ　エリア 香珠子　MAP 折り込み① C3

五島椿物産館
ごとうつばきぶっさんかん

自家製の塩や柚子胡椒が評判

椿油からかんころ餅まで、定番みやげが揃う。自家製の塩を使った塩キャラメル550円や塩ようかん550円、手作り柚子胡椒500円など、オリジナル商品も充実。

🚃 福江港から車で約20分。または❶香珠子から徒歩約10分　🏠 五島市浜町1255-1　☎ (0959)73-5921　🕐 9:00～17:00　休 不定休　カード 可　🅿 あり

おみやげ　エリア 福江　MAP 折り込み① D3

鬼岳四季の里
おにだけしきのさと

喫茶店も併設した鬼岳観光の起点

鬼岳の入口に立つ施設。店内には海産物や五島うどんなど、食品を中心とした定番みやげが並ぶ。五島うどんをはじめ軽食が食べられる喫茶店も併設している。

🚃 福江港から車で約15分
🏠 五島市上大津町2873-1　☎ (0959)74-5469
🕐 9:00～18:00　休 なし　🅿 あり

お菓子　エリア 福江　MAP P.58B2

はたなか
はたなか

福江島を代表する銘菓を製造

50年の歴史を誇る銘菓、治安孝行の製造元。水飴で練り上げた餅を粒あんで包み、きな粉をまぶした誰もが好きな味。レモンケーキなど洋風のお菓子も。

🚃 福江港から徒歩約10分
🏠 五島市中央町7-20　☎ (0959)72-3346　🕐 8:00～20:00
休 なし　🅿 あり　URL www.hatanaka.cc

海産物　エリア 福江　MAP P.58A2

山本海産物
やまもとかいさんぶつ

豊かな自然に育まれた特産品

福江の商店街に店を構える海産物専門店。乾物の香りが漂う店内には五島の特産品がいっぱい。7月の塩ウニや10～12月の本カラスミなど季節のおみやげも。

🚃 福江港から徒歩約15分
🏠 五島市ศ広町3-1　☎ (0959)72-2826　🕐 8:30～18:30　休 なし
カード 可　🅿 なし　URL shop.yamamoto-kaisanbutsu.jp

ゲストハウス　エリア 福江　MAP 折り込み① D2

五島ゲストハウスビジネス海星
ごとうげすとはうすびじねすみそら

隠れ家ビーチまで歩いてすぐ！

オーシャンビューの静かな宿。街灯が少ないので夜は星空の美しさが格別。2段ベッドの相部屋ほか、ファミリー向けの個室も完備。スノーケリングセットやレンタカーの貸し出しもある。

🚃 福江港から車で約8分　🏠 五島市下大津町708-15
☎ (0959)72-5540　料 素4500円～　客室数 2室＋12ベッド
🅿 あり　カード 可　URL gotomisora.jimdofree.com

おみやげ　エリア 福江　MAP 折り込み① D2

長崎五島 ごと
ながさきごとう ごと

濃厚な石焼イモが通販で大人気

看板商品は、福江島産のサツマイモを使った石焼ごと芋540円。ねっとり甘いイモは、平均糖度がメロンの2倍にあたる36度も！

🚃 福江港から車で約10分。または❶病院北口から徒歩約3分
🏠 五島市吉久木町726-1　☎ (0959)75-0111　🕐 10:00～18:00
休 なし　🅿 あり　カード 可　URL nagasakigoto.net

ゲストハウス　エリア 福江　MAP P.58A2

五島ゲストハウス雨通宿
ごとうげすとはうすうとじゅく

国内外からバックパッカーが集まる宿

2段ベッドが並ぶ相部屋制のドミトリー。夜になると併設するバーに島の人と旅行者が集い、交流の場としてにぎわう。レンタカーの貸し出しも行っている。

🚃 福江港から車で約10分
🏠 五島市木場町500-5　☎ 080-6421-5468 (受付9:00～19:00)
料 素2700円～　客室数 14ベッド　🅿 あり　カード 可
URL gotogo.jp

---

voice 16世紀、明の王直という貿易商が福江に居宅を構えたため、周辺は唐人町と呼ばれた。今でも中国式の井戸や再建された廟堂などが点在し、海洋貿易の拠点として活気に満ちていた時代に思いをはせることができる。

🏨 ホテル　エリア 福江　MAP P.58B2

カンパーナホテル
かんぱーなほてる

和服の仲居さんが出迎える洋風旅館

　港も商店街も徒歩圏内の好立地。外観や内装は洋風の華やかなデザインだが、室内は落ち着いて過ごせる旅館というユニークな造り。大浴場からは福江の中心部を見渡せる。食事は全個室の高級和食処「萬葉」で。

左／吹き抜けが気持ちよいロビー　右上／寝室にベッドを配した和洋室　右下／眺望のよさが自慢の大浴場

🚃 福江港から徒歩約5分　🏠 五島市東浜町1-1-1　📞 (0959)72-8111　💴 素1万450円〜、朝1万1550円〜、朝夕1万7050円〜　客室数 36室　カード 可　駐車場 あり　URL campanahotel.com

🏨 ホテル　エリア 福江　MAP 折り込み① D3

五島コンカナ王国
ごとうこんかなおうこく

豊かな自然に恵まれた高原リゾート

　空港まで車で約5分の鬼岳の中腹に立つリゾートホテル。自然に包まれた広い敷地に、多彩なタイプの客室が点在する。和食と洋食のレストラン、温泉、エステなど施設が充実。五島のブドウを使ったワイナリーも併設されている。

左／浅いキッズ用のプールも用意　右上／かわいいチャペルが立つ　右下／客室はシックなインテリアで統一

🚃 福江港から車で約15分　🏠 五島市上大津町2413　📞 (0959)72-1348　💴 素7000円〜、朝8000円〜、朝夕1万4000円〜　客室数 46室　カード 可　駐車場 あり　URL conkana.jp

🏕 グランピング　エリア 富江　MAP 折り込み① C3

Nordisk Village Goto Islands
のるでぃすく びれっじ ごとう あいらんず

星空の下で優美なグランピング体験

　旧田尾小学校の校庭にテントが並ぶグランピング施設。モダンなインテリアを備えたテントで優雅な時間を過ごせる。教室を改修したスクールハウスに泊まれるのも新鮮。

上／食事はテント前のデッキで　左下／3人まで泊まれるヴァナヘイム　右下／校舎をリノベーションした

🚃 福江港から車で約30分　🏠 五島市富江町田尾1233　📞 050-3504-9956　💴 テント素1万1000円〜、スクールハウス素6600円〜（朝食+1100円、夕食+5500円〜）　客室数 5張+3室　カード 可　駐車場 あり　URL www.nordiskvillage.jp

🏨 ホテル　エリア 福江　MAP P.58B2

Goto Tsubaki Hotel
ごとう つばき ほてる

福江港を見守るニューフェイス

　港を望む海沿いのホテル。客室は五島の海をイメージした藍色を基調とし、壁にトビウオがあしらわれるなど遊び心がうれしい。食事は1階の Tsubaki Kitchen でイタリアンを。

上／食事処が集まる福江の中心部へもすぐ　左下／全室、快適なシモンズのベッドを採用　右下／明るいレストラン

🚃 福江港から徒歩約5分　🏠 五島市栄町1-57　📞 (0959)74-5600　💴 素6600円〜、朝7700円〜、朝夕1万2980円〜　客室数 81室　カード 可　駐車場 あり　URL gototsubakihotel.com

voice　福江島では、福江港から徒歩10分ほどの福江商店街に飲食店が集中している。国道384号の文化会館前交差点を入った新栄通りと、新栄通り交差点から福江郵便局にかけてのアーケード街に、定食屋や居酒屋が軒を連ねているので行ってみて！

🏨 ホテル　｜エリア 福江｜MAP P.58B3

Serendip Hotel Goto
せれんでぃっぷ ほてる ごとう

すてきな出会いがありそうな場所

　福江城跡まで徒歩2～3分の町歩きに最適なホテル。客室は五島の自然を想起させるナチュラルカラーでデザインされている。カフェや居酒屋など施設も充実しており居心地がよい。

🚗 福江港から車で約10分　🏠 五島市武家屋敷1-7-12　📞 (0959) 72-3151　💴 素4000円～、朝5000円～　客室数 27部屋　カード 可　駐車場 あり　URL serendiphotelgoto.jp

🏨 ホテル　｜エリア 福江｜MAP P.58A2

ホテルダウンタウン
ほてるだうんたうん

コスパがよくリピーターに人気

　福江の中心地に立つ、清潔感のあるビジネスホテル。シンプルだが評判はよく、ていねいな接客にリピーターも多い。朝食は1階の喫茶店で、和・洋食のほかカレーも用意している。

🚗 福江港から徒歩約15分　🏠 五島市末広町3-9　📞 (0959) 74-3939　💴 素6050円～、朝6930円～　客室数 27室　カード 可　駐車場 あり　URL down-town.co.jp

🏨 コンドミニアム　｜エリア 福江｜MAP P.58B2

ジャスミン
じゃすみん

五島の旅を豊かにする上質な空間

　ビルの1フロアをリノベーションした1日1組限定の宿。福江港まで近く周囲には飲食店が充実しているので旅の拠点に最適。最大5人まで利用可能とグループ旅行にも好評。

🚗 福江港から徒歩約10分　🏠 五島市栄町4-11　📞 090-4581-9888　💴 素1万円～　客室数 1室　駐車場 あり　カード 可　URL gotojasmine.net

🏨 ゲストハウス　｜エリア 玉之浦｜MAP 折り込み① B3

ネドコロ ノラ
ねどころ のら

畳の上でのんびり昼寝はいかが？

　古民家を改装した男女混合ドミトリー。海や温泉が近く、動き回らずにゆっくりと過ごしたい人におすすめ。ファミリーやグループで貸し切りもできる。

🚗 福江港から車で約40分　🏠 五島市玉之浦町荒川274-4　📞 080-2789-4846（受付10:00～17:00）　💴 素3400円～　客室数 1室（定員10人）　駐車場 あり　URL nedokoro-nora.com

🏨 旅館　｜エリア 福江｜MAP P.58B2

富久屋旅館
ふくやりょかん

飲食店街まで徒歩圏内の好立地

　福江商店街に近く、飲食店で食事やお酒を楽しみたい人におすすめの宿。福江港まで徒歩圏内なので、島内観光にも便利。五島の食材を使った海鮮料理に定評あり。

🚗 福江港から徒歩約15分　🏠 五島市江川町5-1　📞 (0959)72-5111　💴 素4500円～、朝5000円～、朝夕7700円～　客室数 9室　駐車場 あり

🏨 旅館　｜エリア 福江｜MAP P.58A2

旅館富山荘
りょかんとみやまそう

家族連れに愛される居心地のよさ

　家族連れのリピーターが多いアットホームな旅館。五島産の海の幸や山の幸を調理した旬の料理を味わえる。福江商店街に近いので、夕食後のちょい飲みにも便利。

🚗 福江港から徒歩約15分　🏠 五島市福江町12-11　📞 (0959)72-2659　💴 素4950円～、朝5500円～、朝夕8800円～　客室数 11室　駐車場 あり

🏨 旅館　｜エリア 福江｜MAP P.58B3

旅館中本荘
りょかんなかもとそう

城下町の情緒が漂う宿

　福江城から続く武家屋敷地区に立ち、溶岩塊の石垣などに風情を感じられる旅館。関西で修業した若旦那の魚料理が絶品。福江港に近く、観光の基点として便利な立地。

🚗 福江港から徒歩約12分　🏠 五島市武家屋敷1-4-41　📞 (0959)72-3682　💴 素4500円～、朝6000円～、朝夕9900円～　客室数 11室　カード 可　駐車場 あり　URL www.nakamotoso.com

🏨 民宿　｜エリア 三井楽｜MAP 折り込み① B2

民宿西光荘
みんしゅくさいこうそう

割烹スタイルで出される料理が自慢

　広い和室を用意した家族連れも多い民宿。食材と器にこだわった料理は、味、ボリュームともに島のガイドも認めるレベルの高さ。

🚗 福江港から車で約40分　🏠 五島市三井楽町濱ノ畔2973-2　📞 (0959) 84-2279　💴 素4070円～、朝4950円～、朝夕7150円～　客室数 10室　駐車場 あり　URL www.saikousou.com

Voice　福江港から見ると島の反対に位置する玉之浦。車で1時間ほどかかり、飲食店やみやげ物店はないが、日本初のルルドで知られる井持浦教会→P.35、断崖絶壁が豪快な大瀬崎灯台→P.59、静かで水がきれいな小浦海水浴場→P.54など見どころ満載。

ツバキ林に覆われた自然と文化が共存する島

久賀島（ひさかじま）エリアガイド

福江島から北に約2km。馬の蹄のような形が特徴的な久賀島は、島全体が国指定の重要文化的景観。なだらかに連なる山々はヤブツバキの原生林に覆われ、集落では棚田や養殖いかだなど昔ながらの生活風景が見られる。

📷 観る・遊ぶ

のどかな島のなかに悲しい信仰の歴史が

豊かな自然を眺めながらのんびり過ごそう。幕末に起きたキリシタンの迫害、五島崩れは久賀島から始まっており、牢屋の窄殉教記念教会（→ P.72）に遺構が。

☕ 食べる・飲む

飲料水や昼食は持参するのがベスト

久賀島観光交流拠点センターと田ノ浦港近くの椿の里で、予約をすれば昼食が取れる。それ以外に飲食店はなく商店も数軒なので、特に飲み物は忘れずに。

🏷 買う

おみやげは少ないので見た風景を思い出に

久賀島観光交流センターで久賀島の特産品などのおみやげが買える。ふみちゃん工房無人販売所（→ P.73）のツバキを描いた石も島の名物になっている。

🏠 泊まる

民宿は1軒のみ自然に触れる民泊も

民宿は島に1軒だけ。ただし、島の人の家に泊まる民泊が盛ん。漁業や農業を体験しながら久賀島の自然や文化に触れられる。問い合わせは五島市観光協会（→ P.134）。

久賀島

凡例:
- 🔴 観る・遊ぶ
- Ⓢ みやげ物店
- Ⓗ 宿泊施設
- Ⓐ アクティビティ会社
- ✚ 教会

地図内表記:
- 折紙鼻
- 玄魚鼻
- 百合崎
- 赤崎鼻
- 蕨小島
- 蕨港 / 蕨
- 早崎
- 折紙展望台 P.72
- 細石流 P.73
- 鵜岳 ▲350
- 割烹民宿 深浦荘 P.73
- 内幸泊の棚田 P.72
- 福見岳 ▲250
- 番屋岳 ▲341
- 久賀島
- 旧五輪教会堂 P.35、72
- 五輪教会 P.34、72
- 久賀馬観光交流拠点センター
- 久賀島レンタカー P.131
- 牢屋の窄殉教記念教会 P.34、72
- 徳女山 ▲204
- 白岳 ▲293
- 五島市役所久賀島出張所
- 黒崎
- 犬御山 ▲280
- 川端商店 P.73
- 久賀島郵便局
- 大開の水田 P.73
- 福見鼻
- 久賀小・中学校
- 亀河原の椿林 P.73
- 田ノ浦港
- ふみちゃん工房無人販売所 P.73
- 浜脇教会 P.34、73
- 金剛崎
- 0 1 2km

VOICE 久賀島観光交流センターでは、明治時代に建てられた旧藤原邸に島の文化的景観や世界遺産情報、おすすめスポットなどを展示している。🏠 五島市久賀町103 ☎ (0959)72-2115 🕘 9:00～17:00 🚫 11～6月の月曜（祝日の場合は翌日）

71

折紙展望台
おりがみてんぼうだい

島きっての高台からコバルトブルーの海を一望

　島の人たちが手作りした展望台。目の前を遮るものが何もない高台から、360度の大パノラマを見渡せる。真っ青な海に浮かぶ緑の島々はたとえようのない美しさ。途中の山道は幅が狭いので、運転には細心の注意を払って。

上／南東を見下ろすと蕨の港と集落が。沖に浮かぶのは蕨小島　左下／東屋の下でひと休み　右下／南西に広がるのは久賀湾

🚗 田ノ浦港から車で約30分　🅿 あり

旧五輪教会堂・五輪教会
きゅうごりんきょうかいどう・ごりんきょうかい

世界遺産候補の集落に立つ新旧ふたつの天主堂

　旧五輪教会堂は1881年に旧浜脇教会として建立された木造の教会。1931年に五輪地区へと移築された。1999年に国の重要文化財に指定され、現在も大切に守られている。車では行けないので、途中から歩いて小さな漁村へ入っていく。

左／板張りの半円形天井やゴシック風祭壇など内部は本格的な教会建築様式　右上／海に面し福江島からのクルーズツアーも　右下／併設の五輪教会

🚗 田ノ浦港から車で約40分＋徒歩約15分　🏠 五島市蕨町993-11　🕐 8:30〜16:30　休 第1日曜（五輪教会）　予約 必要。インフォメーションセンターへ→P.35　🅿 あり

内幸泊の棚田
うちこうどまりのたなだ

稲葉や稲穂と海のコントラストが芸術的

　中心部から旧五輪教会堂方面へ行く途中の内幸泊地区。左に久賀湾、右に棚田という久賀島ならではの文化的絶景が広がる。波紋のように自然に折り重なる稲田と、背後にせまる緑豊かな山々が美しい。

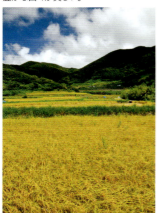

左／稲穂が実ると金色の絨毯を広げたような美しい景観に　右上／棚田から見下ろす久賀湾　右下／棚田の淵には手作業で組まれた石垣が残る

🚗 田ノ浦港から車で約20分　🅿 なし

牢屋の窄殉教記念教会
ろうやのさこじゅんきょうきねんきょうかい

五島のキリシタン迫害のきっかけとなる場所

　明治元年に始まるキリシタンの迫害。この場所では12畳ほどの牢に約200人の信者が押し込まれ、およそ8ヵ月の間に42人が死亡する悲劇が起きた。現在は慰霊碑が立てられ、五島内外から多くの巡礼者が集まる。

左／1984年に建立された聖堂　右上／迫害を受けた人々の遺骨が納められた信仰の碑。名前と年齢が刻まれている　右下／牢屋のあった場所に立つ石碑

🚗 田ノ浦港から車で約15分　🏠 五島市久賀町大開　🕐 9:00〜17:00　休 第3日曜9:30〜（ミサ）　🅿 あり

---

voice　五島の渡り鳥のなかで人気が高いハチクマ。タカ目タカ科の猛禽類で、両翼を広げると130cmになる大型種。越冬するために東南アジアへ移動する途中、9月下旬〜10月上旬に福江島や久賀島周辺に飛来する。ハチクマの渡りを見られたらラッキー！

教会 〔エリア〕浜脇 〔MAP〕P.71A3

浜脇教会
はまわききょうかい

高台から福江島を眺める白亜の教会

旧木造教会堂を五輪地区へ移築したあと、1931年に建てられた五島で最初のコンクリート造りの聖堂。田ノ浦湾を見下ろし、その先には福江島が迫る。

上／コウモリ天井が覆う聖堂内は、あたたかみがあり心が落ち着く　左下／ステンドグラスからやわらかな光が注ぐ　右下／聖堂に寄り添うように立つ聖母像

🚗 田ノ浦港から車で約3分　🏠 五島市田ノ浦町263
🕐 9:00〜17:00　休 第1・3・5日曜8:00〜（ミサ）　🅿 あり

景勝地 〔エリア〕細石流 〔MAP〕P.71A1

細 石 流
さざれ

時間があれば足を延ばしてみよう

見どころは島の東部に集中しているが、西部には久賀湾沿いの林道など、自然のままの風景が。石積みの桟橋が目を引く細石流の入江は、晴れた日には海面がエメラルドグリーンに輝く。

🚗 田ノ浦港から車で約50分　🅿 なし

景勝地 〔エリア〕大開 〔MAP〕P.71B2

大開の水田
おおびらきのすいでん

ユニークなかかしが待っている

島の中央に広がる水田地帯。春と夏に二期作されており、実りの時期には黄金色の稲穂に覆われる。刈った稲をガードレールに巻いて干すのは、久賀島ならではの風景。ふんわりと心が落ち着く香りが。

🚗 田ノ浦港から車で約10分　🅿 なし

景勝地 〔エリア〕田ノ浦 〔MAP〕P.71A3

亀河原の椿林
かめがわらのつばきばやし

かわいらしいツバキの実がたくさん

江戸時代はツバキの島と呼ばれた久賀島。港から見上げる亀河原の森には、およそ12万本のヤブツバキが自生。2月頃には満開の花に覆われる。途中の道は細く険しいので運転注意。

🚗 田ノ浦港から車で約10分　🅿 なし

商店 〔エリア〕久賀 〔MAP〕P.71B2

川端商店
かわばたしょうてん

気さくな島のおばちゃんがお出迎え

島の中心部にある島民向けの商店。店内にはペットボトルや菓子パン、チョコレートなどが並ぶ。島内には自動販売機はないので、飲料水を持っていない場合はここで購入しよう。

🚗 田ノ浦港から車で約10分　🏠 五島市久賀町224
📞 (0959)77-2021　🕐 7:30〜19:00頃　休 不定休

おみやげ 〔エリア〕浜脇 〔MAP〕P.71B3

ふみちゃん工房無人販売所
ふみちゃんこうぼうむじんはんばいしょ

真っ赤なツバキが久賀島訪島の証

鮮やかなツバキの花と葉を描いた久賀島の玉石100円。教会名や句を添えたものもあるので、好みの一品をチョイスしよう。ペーパーウエイトや置物など、使い道はアイデア次第。

🚗 田ノ浦港から車で約8分　🅿 なし

民宿 〔エリア〕深浦 〔MAP〕P.71B1

割烹民宿 深浦荘
かっぽうみんしゅく ふかうらそう

久賀湾で取れたピチピチの魚や貝を堪能

久賀島で生まれ育ったご主人が、予約に合わせて目の前の久賀湾で魚を調達し、自らさばいてくれる。リクエストをすればイカダ釣りやスノーケリングも体験できる。

🚗 田ノ浦から車で約35分　🏠 五島市猪之木町290-5
📞 (0959)77-2366　🛏 素4400円〜、朝5500円〜、朝夕8800円〜　客室 4室　🅿 あり

voice　レンタカーで観光できる久賀島。ただし細い道も多く、特に亀河原椿原生林や旧五輪教会堂の周辺は、車1台がやっと通行できる道幅。舗装されていない場所も多いので、運転には細心の注意を！

複雑な海岸線が織りなすアーティスティックな美景

奈留島
エリアガイド
（なるしま）

半島と深く切れ込んだ入江が連なって、ヤツデの葉のような海岸線を見せる奈留島。自然が造り出したダイナミックな地形から、世界遺産集落にあるキュートな教会まで、小さな島に見どころがギュッと詰まっている。

📷 観る・遊ぶ
自然が生み出した芸術的な造形美

　岩盤の道が小島へと続く奈留千畳敷や干潮になると玉石ビーチが浮かび上がる前島ビーチなど、スケールの大きな絶景が魅力。色使いがかわいい江上天主堂も必見。

🍽 食べる・飲む
地元客がメインの食堂で島の味覚を！

　宿泊客は旅館や民宿で食事を取るのが一般的。集落の食堂では、ちゃんぽんや皿うどんなど長崎らしいメニューを味わえる。予約をすると刺身を用意してくれる店も。

🎁 買う
大工の兄弟が作る木製キーホルダー

　大工を営む三兄弟が手作りする、木製キーホルダーが大人気。三兄弟工房（→ P.77）のほか、奈留ターミナルの売店でも購入できる。売店には定番のお菓子も揃うので便利。

🏠 泊まる
民宿や旅館のほかキャンプもできる

　日帰り客が多い奈留島には、小さな旅館が2軒と民宿が3軒のみ。そのほか宮の森総合公園ではバンガローに泊まることもできる。また民家に泊まる民泊も体験できる。

凡例：
- 🔴 観る・遊ぶ
- R 食事処
- S みやげ物店
- H 宿泊施設
- A アクティビティ会社
- ✚ 教会
- i 観光案内所

voice 奈留ターミナル内にある奈留インフォメーションセンターでは、島の地図をはじめ、ショップや見どころが掲載されたパンフレットなどがもらえる。**MAP** P.74B3 文 奈留ターミナル内 時 7:30〜16:30 休 なし

📷 景勝地　　エリア 前島　MAP P.74B3

前島ビーチ（トンボロ）
まえしまびーち（とんぼろ）

船で渡る小島の絶景ビーチに感激

　奈留島の南に浮かぶ前島の南側に延びる海岸。干潮になると潮の流れで堆積した玉石のビーチが浮かび上がり、無人の末津島までつながるトンボロ現象が見られる。砂州の大きさは幅10m、長さ400mにも及ぶ。

左／ビーチへ行く途中の高台から眺めるのがベスト　右上／前島の港から遊歩道を15分ほど歩く　右下／歩くとキュッキュッと鳴る玉石でできた海岸

🚢 奈留ターミナルから船で約15分＋徒歩約15分

📷 教会　　エリア 江上　MAP P.74A2

江上天主堂
えがみてんしゅどう

森に包まれたメルヘンチックなたたずまい

　1918年に教会建築の名工である鉄川与助により建てられたロマネスク様式の教会。曲線が美しいリヴ・ヴォールト天井など、貴重な木造建築として知られる。

左／クリーム色の外壁に水色の窓枠がかわいらしい　右上／コウモリ天井に覆われた木造の聖堂　右下／あたたかみのある木床にやわらかな光が差し込む

🚗 奈留ターミナルから車で約20分　🏠 五島市奈留町大串1131-2　🕐 9:00〜12:00、13:00〜15:30　休 月曜　予約 必要。インフォメーションセンターへ→P.35　🅿 あり

📷 展望台　　エリア 浦　MAP P.74B2

城岳展望台
しろたけてんぼうだい

海風を浴びながら福江島や久賀島を一望

　城岳という名称は、かつてこの地に住んでいた豪族の奈留氏が、山頂に城をかまえたことに由来。展望台からは奈留島の海岸線をはじめ、周辺の島々が眺められる。アスレチック施設があり、ファミリーも楽しめる。

上／島中央部の集落から北に開ける入り組んだ湾　左下／高倍率の望遠鏡が　右下／南東方向に浮かんでいるのは椛島（かばしま）

🚗 奈留ターミナルから車で約30分　🅿 あり

📷 教会　　エリア 浦　MAP P.74B2

奈留教会
なるきょうかい

青空に向かって尖塔を伸ばす白い教会

　奈留島の中心地に立つ真っ白な教会。1926年に建てられた教会は解体され、1961年に現在の建物が完成した。外観同様、堂内もさわやかな白で統一されている。

左／食事処などが集まる浦の高台に立つ　右上／ステンドグラスから差し込む光が室内を染める　右下／緑に覆われた美しいルルド

🚶 奈留ターミナルから徒歩約20分　🏠 五島市奈留町浦395　📞 (0959)64-3285　🕐 9:00〜17:00　休 日曜8:00〜（7〜9月7:00〜、ミサ）　🅿 あり

voice 宮の浜海水浴場のすぐ近くにある Peek a boo！（ピッカーブー）は、雑貨店を併設したカフェ。古民家を改装したレトロな空間でのんびり過ごせる。🏠 五島市奈留町浦176-56　📞 080-5283-4533　🕐 11:00〜18:00　休 月〜金曜　🅿 あり

75

📷 景勝地　　エリア 泊　MAP P.74B3

奈留千畳敷
なるせんじょうじき

畳が1000枚は敷けそうな岩の道

舅ヶ島海水浴場の南部から沖の小島へと続く平らな岩礁。干潮になると水面に浮き出た岩の面積が広くなり、海岸と島をつなぎ歩いて渡れる。高台から見る風景は芸術的な美しさ。

🚗 奈留ターミナルから車で約10分　🅿 あり

📷 美術館　　エリア 船廻　MAP P.74B2

笠松宏有記念館
かさまつひろともきねんかん

廃校となった船廻小学校を利用した美術館

奈留島出身の愛と祈りの画家、笠松宏有氏の作品を展示する。故郷への思いや、家族への愛、戦争と平和などをテーマにした大作が。

🚗 奈留ターミナルから車で約10分　🏠 五島市奈留町船廻937-1　☎ (0959) 64-2209　🕐 9:00～17:00 (最終入館16:30)　休 月・水曜　料 100円　🅿 あり　URL www.kasamatsu-museum.com

---

📷 海水浴場　　エリア 田岸　MAP P.74B2

宮の浜海水浴場
みやのはまかいすいよくじょう

透明度抜群のさわやかビーチ

岬に囲まれた小さな湾に玉石のビーチが延びる。海を見下ろすように東屋が立ち、のんびりくつろぐ島民の姿も。透明度が高く海水浴にも最適。夏季はトイレとシャワーが開放される。

🚗 奈留ターミナルから車で約10分　🅿 あり

📷 記念碑　　エリア 浦　MAP P.74B2

「瞳を閉じて」の歌碑
「ひとみをとじて」のかひ

ユーミンの名曲の詩が刻まれる

松任谷由実さんがラジオ番組で、奈留高校の生徒のリクエストに応じて作詞作曲した「瞳を閉じて」。現在も同校の愛唱歌として歌われ、校門の近くに直筆の歌詞が刻まれた碑が立つ。

🚗 奈留ターミナルから徒歩約20分　🅿 あり

📷 海水浴場　　エリア 舅ヶ島　MAP P.74B3

舅ヶ島海水浴場
しゅうとがしまかいすいよくじょう

小石でできたビーチをのんびり散歩

丸みを帯びた小石が500mにわたって続く穏やかなビーチ。奈留千畳敷の絶景を見ながら過ごすことができ、古くから島の人々が集う行楽地になっている。透明度も抜群！

🚗 奈留ターミナルから車で約10分　🅿 あり

📷 地蔵　　エリア 船廻　MAP P.74B2

ふたり地蔵
ふたりじぞう

ぴったりと寄り添う仲よしのお地蔵さま♪

船廻集落に祀られたふたり一組の地蔵尊。なぜこのような姿なのかは不明。古いものは1820年に作られており、厳かな雰囲気に包まれている。恋愛成就の御利益があるとのうわさも。

🚗 奈留ターミナルから車で約10分　🅿 あり

📷 景勝地　　エリア 大串　MAP P.74A2

ビーチロック
ぴーちろっく

コンクリートのような不思議な海岸

島の北西部の海岸は、小さな石が密集し、まるでコンクリートのように固まっている。これは海岸の小石が、けい酸と石灰分により固結したもので、3000～5000年前にできたといわれる。

🚗 奈留ターミナルから車で約30分　🅿 あり

📷 神社　　エリア 船廻　MAP P.74B2

船廻八幡神社 社叢
ふなまわりはちまんじんじゃ しゃそう

海沿いにうっそうと茂る天然樹林

海に向かって立つ神社。境内を囲む樹林には、幹周り3mを越すナタオレの巨樹などが繁茂。五島列島では唯一の低海抜の平坦地に残る自然林として、国の天然記念物に指定されている。

🚗 奈留ターミナルから車で約10分　🏠 五島市奈留町船廻939　🅿 なし

「瞳を閉じて」は、松任谷由実さんが荒井由実として活動していた1974年に、校歌がなかった旧五島高等学校奈留分校の女子生徒のリクエストに応じて作ったもの。卒業して島を出てしまう同級生を想う心が詞に込められている。

居酒屋　エリア 浦　MAP P.74B2

海雲亭（かいうんてい）

自慢の海の幸をたっぷり満喫

木のぬくもりに包まれた空間で、刺身や煮魚、魚フライなどのほか、丼や定食を味わえる。魚は仕入れによるので事前に相談を。おまかせ1000円がお得。

交 奈留ターミナルから徒歩約20分　住 五島市奈留町浦380-4　電 (0959)64-2913　時 18:00〜21:00※昼は要予約　休 不定休　駐車場 あり

旅館　エリア 浦　MAP P.74B2

奥居旅館（おくいりょかん）

和室と洋室を揃えた料理自慢の旅館

奈留島で水揚げされた新鮮な魚介類を中心に、旬の御膳を楽しめる宿。海が目の前なので、朝食や夕食の前後に潮の香りに包まれながらのんびりと散策するのもおすすめ。

交 奈留ターミナルから徒歩約5分　住 五島市奈留町浦1894　電 (0959)64-3135　料 素5500円〜、朝6600円〜、朝夕8800円〜　客室数 13室　駐車場 あり　URL okuiryokan.com

定食　エリア 浦　MAP P.74B2

みかん屋食堂（みかんやしょくどう）

島の皆さんと一緒に食堂ランチ

ちゃんぽん640円や皿うどん640円のほか、丼ものや定食も豊富な食堂。昼はひっきりなしに注文の電話が鳴る人気店。名称は昔ミカン農園をやっていたことに由来するとか。

交 奈留ターミナルから徒歩約20分　住 五島市奈留町浦409-1　電 (0959)64-2079　時 8:00〜18:30　休 第1・3日曜　駐車場 なし

民宿　エリア 泊　MAP P.74B2

民宿しろやま（みんしゅくしろやま）

親戚の家のようなアットホームな民宿

五島産の魚介類をはじめ、自家栽培の野菜や奈留島の山菜など、地元の食材を中心とした家庭料理が自慢。気さくな女将さんが腕を振るう。周囲は静かでゆったりと過ごせる。

交 奈留ターミナルから車で約5分　住 五島市奈留町泊788-2　電 (0959)64-2717　料 素3500円〜、朝4000円〜、朝夕6000円〜　客室数 6室　駐車場 あり

おみやげ　エリア 浦　MAP P.74B2

三兄弟工房（さんきょうだいこうぼう）

趣味で始めた木製キーホルダーが大人気に！

大工を営む三兄弟（→P.36）が彫るアジの開きや出刃包丁などの木工品が評判。木工体験（30分〜）1000円〜も楽しい。訪問前に連絡すると安心。

交 奈留ターミナルから徒歩約25分　住 五島市奈留町浦253　電 (0959)64-4066　時 応相談　休 不定休　予約 木工体験は必要　駐車場 あり

民宿　エリア 浦　MAP P.74B2

民宿かどもち（みんしゅくかどもち）

三兄弟工房によるこだわりの民宿

木製キーホルダーが人気の三兄弟工房が家族で経営する民宿。外装や内装にモダンな雰囲気が漂う。工房からすぐなので夜に木工体験も。

交 奈留ターミナルから車で約10分　住 五島市奈留町浦253　電 (0959)64-2580　料 素4500円〜、朝5300円〜、朝夕6800円〜　客室数 2室　駐車場 あり　URL naruminsyukukadomochi.simdif.com

特産品　エリア 浦　MAP P.74B2

奈留町漁協購買部（なるちょうぎょきょうこうばいぶ）

上質な海藻を食べたウニは味も上品！

奈留島のウニはおいしいと評判。奈留町漁業協同組合が作る粒らに2376円は、新鮮なムラサキウニに塩だけを加えた逸品だ。キビナゴの一夜干し540円も。

交 奈留ターミナルから徒歩約10分　住 五島市奈留町浦1839-7　電 (0959)64-4000　時 8:30〜17:00　休 日曜　URL www.jfnaru.com　駐車場 あり

旅館　エリア 浦　MAP P.74B2

旅館 福良（りょかん ふくよし）

素朴な宿でおいしい料理を

和室が8室のこぢんまりとした旅館。地魚の刺身など旬の魚介を中心に、島の食材を使った家庭料理を食べさせてくれる。肉や野菜もバランスよく提供されるのがうれしい。

交 奈留ターミナルから徒歩約5分　住 五島市奈留町浦1895　電 (0959)64-3106　料 素4950円〜、朝6050円〜、朝夕7700円〜　客室数 8室　駐車場 あり　URL fukuyoshi-naru.jimdofree.com

 奈留島でのおみやげ探しは、奈留ターミナル内の売店が便利。かんころ餅や定番のお菓子などが置いてあるほか、三兄弟工房の木製ストラップや奈留産のキャンディなど奈留らしいおみやげも見つかる。

牛に注意

中通島、若松島、小値賀島、宇久島 NAVI

新上五島町に属する中通島と若松島、
その北に浮かぶ小値賀島、宇久島は、上五島と呼ばれる。
個性豊かな島々ではのんびりと時間が過ぎる。

島で〜た

【中通島】		【小値賀島】	
人　口	1万8113人 (2015年)	人　口	2229人 (2015年)
面　積	168.31km²	面　積	12.27km²
海岸線	278.8km	海岸線	57.3km
最高地点	443m (番岳)	最高地点	111.3m (本城岳)
【若松島】		【宇久島】	
人　口	4374人 (2015年)	人　口	2179人 (2015年)
面　積	31.14km²	面　積	24.94km²
海岸線	123.7km	海岸線	37.7km
最高地点	339.2m (鳥越山)	最高地点	258m (城ヶ岳)

島への行き方
※詳しくは P.128

ゆったり大型客船
博多港からフェリーで宇久島まで約4時間10分、小値賀島まで約4時間55分、中通島まで約5時間55分。佐世保港からフェリーで宇久島まで約2時間25分、小値賀島まで約3時間10分、中通島まで約2時間35分。長崎港からフェリーで中通島まで2時間35分〜。

爽快！ 高速船
佐世保港から宇久島、小値賀島、中通島へ、長崎港から中通島へ高速船が運航。佐世保港から中通島まで約1時間25分、小値賀島まで約1時間20分、宇久島まで約2時間。長崎港から中通島まで約1時間40分。

レンタカーは必須
南北に長い中通島は、中心部以外はレンタカーかタクシーでの移動が基本。橋を渡って若松島まで行くならレンタカーは必須だ。小値賀島や宇久島もレンタカーがあったほうが便利。台数が少ないので早めの予約を。

自転車も楽しい♪
小値賀島と宇久島はそれほど大きくないので、自転車を借りてサイクリングというのも気持ちがよい。電動アシスト付き自転車も用意されており、島を1周することができる。

宇久島

小値賀島

中通島

若松島

地ノ神島神社

前方湾を望む高台に立つ歴史ある神社。対岸の野崎島には沖ノ神島神社が分祀されている。 → P.101

笛吹

小値賀港周辺に広がる島の中心地。民家が並ぶなかに旅館や民宿、ペンションが点在し、居酒屋やカフェなども充実している。

青方
島の中心部にあり、どこへ行くにも便利。こだわりの旅館やホテルが点在する。地元客に人気の居酒屋や定食屋などが立つ。

若松港ターミナル周辺
中通島と橋でつながった若松島唯一の繁華街。といっても、旅館と飲食店が数軒あるくらいの素朴な雰囲気。

野崎

有福島

若松島

若松港

169

白崎

マナーを守って教会巡り♪

若松大橋

真っ青な海に架かる白い橋は、巨大なアーチが印象的。橋のたもとの守崎公園から見られる。 → P97

対馬瀬灯台

芝に覆われた岬に立つ宇久島のシンボル。夕日や星空観賞のスポットとしてもレベルが高い。→ P.105

牧崎

宇久島

長崎鼻

平港

160

平

平港の周辺に広がる宇久島の中心地。旅館や民宿、飲食店は、ほとんどがこのエリアに集中している。

納島

161

小値賀島

小値賀港

野崎島

野首港　野崎港
旧野首教会

津和崎鼻

野崎島

小値賀島から東へ2kmに浮かぶ島。「野崎島の集落跡」は世界遺産の構成資産のひとつ。→ P.81

有川

島の玄関口、有川港を中心に、ホテルや旅館、民宿が集まるにぎやかなエリア。和食店や寿司屋、カフェなど食事処も多い。

218

立串鼻

奈摩漁港

32

頭ヶ島

頭ヶ島天主堂

世界遺産の構成資産のひとつ「頭ヶ島の集落」に立つ石造りの教会。重厚なたたずまい。→ P.33

170

62

友住港

青方港

有川港

鯛ノ浦港

中通島

22

蛤浜海水浴場

真っ白な砂浜が広がる中通島のメインビーチ。穏やかな海は遠浅で、夏は海水浴客が集まる。→ P.84

商人鼻

網代鼻

34

N

0　　5km

奈良尾

フェリーや高速船が発着する南部のゲートウェイ。断崖絶壁と島々が入り組む内海は、自然が生み出したアート。

福見鼻

奈良尾港

佐尾鼻

気になる

ベーシックインフォメーションQ&A

Q どんな宿泊施設に泊まる？

A 中通島にはホテルが増加中

中通島には、スタイリッシュなデザイナーズホテルが増えている。もちろん旅館や民宿、ペンション、格安のドミトリーも充実。小値賀島と宇久島は旅館や民宿が中心。小値賀島ではモダンに改装した古民家も人気が高い。

Q 絶対に食べたい料理は？

A うどんは上五島が本場

どの島も鮮度の高い魚介は間違いなし。中通島では、ハコフグを焼いたカットッポが名物だ。小値賀島ではブランド魚のイサキがおすすめ。中通島が発祥といわれる五島うどんは、鍋から食べる地獄炊きで。

Q おすすめの過ごし方は？

A 静謐な教会巡りが定番

中通島には29の教会が点在し、それぞれ異なる表情を見せる教会巡りが人気。絶景を回るドライブや海水浴も楽しめる。小値賀島や宇久島は、予定を詰め過ぎずのんびり過ごすのがおすすめ。

Q 夕日はどこがきれい？

A 中通島は夕日スポットの宝庫

中通島は矢堅目公園や白草公園の夕日が有名。赤く染まる教会も美しい。小値賀島は西側に浮かぶ斑島のサンセットポイントから、水平線に沈む夕日を眺められる。宇久島は北部の対馬瀬灯台へ。

洞窟入口の
キリスト像

若松瀬戸の
青い海に気分爽快

若松島　中通島

船でしか行けない
潜伏キリシタンの聖地

キリシタン洞窟クルーズ

険しい断崖が連なる若松島の南岸に
迫害から逃れた潜伏キリシタンの洞窟が残る。

第一祥福丸
坂井好弘さん

4家族が身を隠した神聖なる洞窟を巡礼

　複雑に入り組んだ海岸線が続く若松島の最南部。船でしかアクセスできず、島内からは目視すらできない断崖の中に、キリシタン洞窟と呼ばれる岩屋がひっそりと口を開けている。キリスト教の弾圧から逃れ、4家族8人がこの洞窟に身を隠したのは、およそ140年前のこと。しかし4ヵ月ほどたった頃、炊事の煙が沖を通った漁師に見つかり、水責めなど厳しい拷問を受けることに。禁教令の解除後は、五島の潜伏キリシタンを象徴する聖地になり、多くの信者が巡礼に訪れている。

もっと知りたい！

船室に現れるマリア観音
祥福丸の船室には不思議な模様が浮かび上がる。船長の坂井さんは、潜伏キリシタンの神父（帳方役）を受け継ぐ9代目。現在も数百年前の独自の儀式を守っている。

マリア観音のような模様

上五島きっての透明度を誇る若松島周辺

スケジュール

所要時間	体力レベル
約1時間	🚶🚶🚶

9:00　若松港や桐港からいざ出港！

船10分

前日の夕方までに予約を入れた港へ。キリシタン洞窟までは船で約15分のクルージングを楽しむ。島に囲まれた内海を移動するので波は穏やか。

潮風を受け若松島南西部へ

9:10　断崖に現れたマリア像!?

船5分

途中に、針のメンド（針の穴）と呼ばれるクレバスが登場。穴の形がマリア像のようにも見える。洞窟はこの裏側にあるので、ぐるっと回り込む。

中央右の亀裂に注目

9:15　岩場に上陸し徒歩で洞窟へ

徒歩1分

キリスト像が見えたら、すぐ脇の磯に船を着けて上陸。キリスト像の真下にキリシタン洞窟への入口がある。穴は言われないとわからないくらいの大きさ。

岩場に立つキリスト像

9:20　悲しい歴史をもつ隠れ家

船10分

洞窟内は奥行き50m、高さと幅は5mほど。壁面に聖品を飾ったような跡がある。見つかるまでの4ヵ月間、4家族3人が暮らしていた。

大きな岩が転がる洞窟内

9:50　海から桐教会をチェック

帰りは中通島沿いの風景を眺めながら港へ戻る。途中には高台に立つ桐教会が見えフォトジェニック。水面に映る美しい姿を撮影しよう。

1958年改修の桐教会

第一祥福丸　MAP P.96C2　所要 約1時間　交 若松港や桐港から発着
住 南松浦郡新上五島町桐古里郷606　電 (0959)44-1762　時 応相談
休 不定休　料 1人8000円（2人は1人4000円、3人以上1人3000円）
駐車場 あり　予約 前日17:00までに必要　URL syoufukumaru.web.fc2.com

voice キリシタン洞窟は、久賀島の旧五輪教会堂や奈留島の江上天主堂と一緒に巡るツアーに参加して行くこともできる。福江島発と中通島発のツアーがあるのでチェックしてみて。

もはや原型をとどめない
石垣が歴史を物語る

島歩きは
準備が大切！

僕たちの
楽園ダヨ☆

野崎島
廃村跡をシカが行き交う
童話の世界に迷い込む

野崎島を歩こう♪

かつては650人以上が暮らしていた野崎島。
無人の村は生命感あふれる植物に覆われている。

野崎島自然学塾村
塾長
前田博嗣さん

人間が暮らした痕跡を大自然が覆い尽くす

野崎島は南北約6.5km、東西1.6kmの細長い島。野崎、野首、舟森という3つの集落があったが今は宿泊施設の管理人以外に住人はおらず、島のほとんどが雄大な自然に支配されている。島内には廃村となった集落跡や野生のニホンジカが駆け上る段々畑、高台にたたずむれんが造りの教会など、かつての人の営みを感じさせながらも、どこか現実味のない映画のセットのような風景が広がっている。

集落跡から旧野首教会までは徒歩20分ほどなので、その周辺を散策するのが一般的。見どころを巡るガイドツアーや、潜伏キリシタンが暮らした舟森集落、伝説の王位石を目指すトレッキングツアーも用意されている。

もっとシェロりたい！

自然学塾村で宿泊も

小・中学校の木造校舎を再利用した野崎島自然学塾村は、雨宿りや休憩などに利用できるほか宿泊も可能。布団やシャワー、自炊用の調理器具が揃っている。

かつては美しく整っていたであろう段々畑の跡

料 宿泊 3500円〜

スケジュール

所要時間 約8時間　体力レベル

8:00 港の目の前に集落跡が広がる
徒歩10分
港周辺が野崎集落のあった場所。散歩しながら見学できる。崩れた石垣や植物に覆われた家屋が、人の営みがあった名残を見せている。
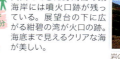
点在する廃屋が幻想的

8:40 シカが駆け回る草原へ
徒歩5分
野崎島には400〜500頭の野生のニホンジカが生息しており、いたるところで見られる。海沿いの草原を群れで走る風景はサバンナのよう。

野生なので近寄ると逃げる

9:00 噴火口跡の絶景に感激
徒歩30分
火山でできた野崎島の東海岸には噴火口跡が残っている。展望台の下に広がる紺碧の湾が火口の跡。海底まで見えるクリアな海が美しい。

岩の形から軍艦瀬と呼ばれる

10:00 教会に守られた休憩施設
徒歩5分
野崎島自然学塾村は島で唯一休憩できるスペース。目の前には芝が広がり、裏側から丘に上るとれんが造りの旧野首教会がたたずむ。
教会内部を見るには予約を

11:00 出発までビーチでのんびり
真っ青な海が広がる野首海岸で過ごしたり、自然が色濃く残る周辺を散策したりフリータイムを楽しんで。高台から眺める白砂ビーチは絶景！

白砂が約300mにわたり続く

MAP 折り込み② D1〜D3　交 小値賀島から町営船で約35分（片道520円、小学生以下260円）時 7:25〜8:25、14:30〜15:30（町営船の小値賀島発着時間）料 入村料1000円、中学生以下500円。ガイドツアーは4400円〜 予約 必要 問 おぢかアイランドツーリズム ☎ (0959)56-2646 URL ojikajima.jp
※野崎島へ行く際は、必ずおぢかアイランドツーリズムに連絡を

ネイチャーカヌー

パドルを漕いで進むカヌーは、エンジンを使わない環境にも優しいマリンアクティビティ。パドルを漕ぐ音以外は、小鳥の声くらいしか聞こえない穏やかな時間に癒やされる。初心者にはインストラクターがしっかり教えてくれるので、子供も安心して参加できる。穏やかな湾で練習したら、海岸沿いを進むショートツアーを楽しもう。

家族にうれしい
2人用カヌー

初めてでも
大丈夫！

天候や潮の干満、参加者のレベルといった条件によって、インストラクターが最適なビーチを選んでくれる

しっかり
準備体操

準備運動で体をほぐしたあとは、パドルの使い方を練習。上手にできるかな？

波に強い幅のあるカヌーを使うので安心。日焼け対策を忘れずに

最初は左右にフラフラするが、すぐに真っすぐ進めるようになるはず！

海面を
スイスイ〜

おぢかアイランドツーリズム
末永貴幸さん

おぢかアイランドツーリズム
| MAP | P.99C3 | 所要 | 約2時間30分 | 交 | 小値賀港集合 | 住 | 北松浦郡小値賀町笛吹郷2791-13（小値賀港ターミナル） | 電 | (0959)56-2646 | 時 | シーズンにより異なる | 休 | 11〜3月 | 料 | 4400円 | 予約 | 必要 | URL | ojikajima.jp |

体験ダイビング

2020年、小値賀島にダイビングサービスが登場し、手つかずの海に潜れるようになった。透明度の高い海は多種多様な生物が見られると評判。体験ダイビングでは、水深8mほどの浅場で、ゆったりと浮遊感を楽しめる。砂地なので明るくストレスがないのもうれしい。イサキの群れなど小値賀島らしい魚が見られることこことも！

穏やかで
安心♪

小値賀の海の
魅力は未知数です

おぢか海旅
マリンサポート
山本幸生さん

小値賀港にあるショップに集合。ここでダイビングの流れなど簡単な説明を受ける

器材のレンタルは料金に含まれる。マスクやフィンは実際につけてサイズを確認する

体験ダイビングのフィールドは、遠浅の砂地。海底に光が反射し幻想的な雰囲気

どんな魚がいるかな？

柿の浜海水浴場がおすすめ

おぢか海旅マリンサポート
| MAP | P.99B2 | 所要 | 2〜3時間 | 交 | 小値賀港から徒歩約5分 | 住 | 北松浦郡小値賀町笛吹郷2789-4 | 電 | 090-7881-5810 | 時 | 午前、午後で応相談 | 休 | 火曜 | 料 | 1万3200円 | 駐車場 | あり | 予約 | 必要 |

ビーチから海に入り浅瀬で呼吸や潜降の練習。ガイドがサポートしてくれるので安心

耳抜きをしながら海の中へ！ 浮遊感が心地よい。慣れてきたら周りを観察してみよう

マリンアクティビティで注意したいのが、熱中症や日焼け。こまめな水分補給と日陰での休憩を忘れずに。水面に反射した紫外線でも日焼けをするので、なるべく肌を露出せず、帽子やサングラス、日焼け止めなどで対応して。曇り空でも日焼けはするので注意！

若松島 エメラルドグリーンの海をクルーズ

遊覧船

若松瀬戸を巡る遊覧船。島の東側から若松大橋をくぐり南へ。海が淡い乳白色を帯びてくると、岸からシカが顔を出したり、小さな渦潮に船が揺られたり。水面に映る桐教会は船上ならではの眺めだ。軽食やドリンクを持ち込んで楽しめる。

海にも教会が!?

上／船頭さんが若松瀬戸の浅瀬を案内　左／中通島の桐教会がハイライト。逆さ教会は晴れて水面が穏やかなときに現れる　右／カラオケ完備の遊覧船

若松瀬戸遊覧屋形船カテリナ　**MAP** P.96C2　**所要** 約1時間30分　**交** 若松港ターミナルから車で約15分。西神ノ浦港から発着　**住** 南松浦郡新上五島町西神ノ浦郷448-44　**電** (0959)46-2261　**時** 応相談　**休** 不定休　**料** 5人まで1万5000円。以降1人増えるごとに2500円　**駐車場** あり　**予約** 前日までに必要

小値賀島 みんなで乗れるメガSUPが登場!

スタンドアップ
パドルボード

8人乗りに挑戦しよう!

小値賀島で話題の最大8人まで乗れるパドルボード。ガイドがていねいにサポートしてくれるので、初心者でも安心。水面にバシャーンと落ちる感覚がクセになる。スノーケリングセットのレンタルもあるので、海面から海中まで満喫できる。

上／小値賀の海をグループで楽しもう
右／ボードは大型で安定しているので、初めてでも簡単に立てる。ライフジャケットも用意されている

谷商店マリン　**MAP** 折り込み② B1　**所要** 30分　**交** 小値賀島から車で約20分（柿の浜海水浴場集合。海況により異なる場合も）　**電** (0959) 56-2134　**時** 10:00〜15:00　**休** 不定休（10〜6月は休み）　**料** 1000円（1人）　**駐車場** 海岸にあり　**予約** 前日までに必要　**URL** www.tani-shoten.com

中通島 五島列島全域の海中を探検

スクーバダイビング

中通島のほか奈留島や福江島、男女群島など、五島列島全域にダイビングスポットが点在。白砂、珊瑚礁、魚群、ドロップオフなど、さまざまな水中景観を楽しめる。7〜8月には福江島の南50kmほどの海域にマッコウクジラが現れる。

クルーズ気分で五島列島を巡ろう!

上／透明度の高い海には生物がいっぱい
右／機動力のあるクルーザーで海へ

五島ダイビングセンター・ナイスばでぃー　**MAP** 折り込み③ B4　**所要** 半日〜　**交** 青方港から車で約17分　**住** 南松浦郡新上五島町道土井郷319　**電** (0959)52-4147　**時** フェリーの到着にあわせて。シーズンによって異なる　**休** 荒天時　**料** 1万5000円〜（2ボートダイブ）　**駐車場** あり　**URL** www.nice-buddy.com

カラフルなソフトコーラルとかわいい魚たちが海の中を彩る

voice 谷マリンでは、普通のスタンドアップパドルボードのレッスン付き体験も行っている。所要約2時間で、10:00〜と13:00〜の1日2回。料金は4000円。前日までに予約を。

白砂まぶしい美景ビーチがいっぱい

爽快! ビーチホッピング

中通島、小値賀島、宇久島には特徴のある個性派ビーチが多い。
透明度抜群の海で遊ぶ？ ふかふかの砂浜でのんびり過ごす？

砂漠のような
広い砂浜〜

中通島／七目
蛤浜海水浴場
はまぐりはまかいすいよくじょう

有川港から近くキャンプ施設や広
場を併設した遠浅のビーチ。周辺
には飲食店が多く、家族で1日中
ゆったり過ごせる。
MAP P.90A2
交 有川港から車で約5分

🚻 トイレ 🚿 シャワー 👕 更衣室 🏪 売店 👁 監視員 🅿 駐車場

※監視員がいるのは7月中旬から8月下旬の夏休み期間のみ。常駐時間が限られるので
注意。売店の営業も夏期に限られる場合が多い。

中通島／船崎
船崎海水浴場
ふなさきかいすいよくじょう

小さな集落の前に広がるプ
ライベート感たっぷりのビー
チ。沖には濃い藍色をたた
えた東シナ海が広がる。
MAP 折り込み③B3
交 有川港から車で約20分

シーグラスが
見つかる♪

ログハウスに
滞在できる！

中通島／奈良尾
高井旅海水浴場
たかいたびかいすいよくじょう

中通島の南部にある、島内きっての人気海水浴場。美しい
砂浜に施設が充実し、サーフィンほかマリンスポーツも盛ん。
MAP 折り込み③B6
交 奈良尾港から車で約10分

小値賀島／柳
柿の浜海水浴場
かきのはまかいすいよくじょう

集落から離れた北部のビーチ。遠
浅の海は透明度が高くマリンス
ポーツのフィールドに使われる。
MAP 折り込み②B1
交 小値賀港から車で約20分

宇久島／平
大浜海水浴場
おおはまかいすいよくじょう

エメラルドグリーンの海を囲む
砂浜が約1kmにわたって続
く。隣にはキャンプ場がある。
MAP P.104C2
交 平港から車で約15分

小値賀島／中村
船瀬海水浴場
ふなせかいすいよくじょう

コンクリート製の遊歩道に腰掛け
て眺める海が最高。小値賀島から
近く観光客に人気が高い。
MAP 折り込み②B2 **交** 小値賀港から車で約5分

宇久島／平
スゲ浜海水浴場
すげはまかいすいよくじょう

ビーチ沿いにヤシの木が並び南国ムー
ドたっぷり。砂浜にはハマユウが群生
し、夏に白い花を咲かせる。

宇久島／本飯良
汐出海浜地
しおでかいひんち

島の南西部に
ある隠れ家的
な海水浴場。
島と岬が波を
防ぎ、穏やか
な入江になっ
ている。
MAP P.104A2
交 平港から車で約15分

野崎島／野首
野首海岸
のくびかいがん

約300mにわたっ
て白砂の海岸が続
く。島の東側に位
置し、海から昇る
朝日が美しい。
MAP 折り込み②
D2
交 野首港から車
で約20分

MAP P.104C2 **交** 平港から車で約10分

Voice 2200万年以上前は大陸と地続きだった五島列島。火山活動や地盤の沈降によって、現在のような複雑な海岸線をもつ島々になった。溶岩が露出した海岸が多いのはそのためで、白砂は貝やサンゴ類が砕けて堆積したもの。

遊び方

中通島 自分で作った五島うどんを食べよう

五島手延べうどん作り体験

自分で作ったうどんは絶品です！

遣唐使の時代に中国から伝わったとされる五島うどん。現在まで受け継がれる昔ながらの手延べ製法を、3時間ほどで体験できる。練って延ばした生地が用意されているので、それを2本の棒にかける「かけば」と呼ばれる工程からスタート。麺を延ばすところまで終わったら、乾燥や切断はスタッフにおまかせ。後日、完成したうどんが送られてくる。

田下製麺 田下義徳さん

直径1cmほどの生地を、椿油を塗りながら巻く細目作業。この状態で用意されている

巻いた麺を引っ張って延ばす、こびき。ふたの場合は両側から引っ張る

切れないように慎重に！

渦巻き状の太く短い麺を2本の棒に8の字に巻く、かけば

こびきして寝かせた麺を棒を使ってさらに細く延ばす、中引き

リズミカルに……汗

麺をつるして延ばす、はたかけ。よく乾燥させたら五島うどんのできあがり

船崎うどん伝承館 MAP 折り込み③B3 所要 3時間 交 青方港から車で約10分。または❶船崎から徒歩3分 住 南松浦郡新上五島町船崎郷497 電 新上五島町観光物産協会 ☎(0959)42-5005 時 9:00〜17:00 休 不定休 料 3000円、小学生以下2200円 駐車場 あり 予約 2日前までに必要

中通島 黄金色に輝く上質なオイルを抽出

椿油作り体験

料理に使うと体内からきれいに

上五島の椿油は質のよいことで知られ、資生堂の製品TSUBAKIシリーズに使われているほど。体験では1kgの椿の種から約300ccの油を取る。杵と臼で種を殻ごとすりつぶし、10分ほど蒸してから圧搾機にかけて油を搾る。これがなかなか力を使う作業。黄金のように輝く椿油は、料理や髪・肌の保湿に使って。

つばき体験工房 梁瀬大志さん

圧搾法で純度の高いオイルを抽出。圧搾機から黄金色の椿油が滲み出てくる瞬間に感激！

杵と臼を使って、ツバキの種を殻ごと細かくすりつぶす。20分ほどの作業

なるべく細かくした種をせいろに入れ、10分ほど蒸す

蒸した種を専用の濾紙に入れ、圧搾機で加圧するときれいなオイルが！

貴重な椿油は、世界3大オイル！

つばき体験工房 MAP 折り込み③C2 所要 約1時間30分 交 有川港から車で約30分。または❶曽根教会下から徒歩約5分 住 南松浦郡新上五島町小串郷1071-2 電 (0959)55-3219 時 9:00〜16:00 休 8月13〜16日 料 1570円、小・中学生830円（椿の種代別途）予約 2日前までに必要 URL www.kamigoto-tsubaki.com

 秋田県の稲庭うどんに、石川県の輪島うどん、富山県の氷見うどんなど、日本海側の地域で名産となっている手延べうどん。これらは製法も五島うどんとよく似ていて、江戸時代に北前船によって五島列島から伝播したとの説がある。

インテリアもすてき！

上／京都の家具屋で修復した雰囲気のよい箪笥　右／外観は昔ながらのひなびた一軒家

100年以上の歴史が刻む古き美しさに触れる

古民家に泊まる

新たな島旅スタイルとして注目されている小値賀島の古民家ステイ。築100年以上の民家を、外観はそのままに居心地のよい宿へと改修した。島の環境に溶け込み暮らすように過ごす、スローな旅を楽しみたい。

五感で島を感じるもうひとつの日常へ

豊かな自然と昔ながらの暮らしを守る小値賀島は、今、過疎地を抱える全国の自治体から注目されている。その最大の理由が、古民家ステイという滞在スタイル。ただ古い民家に泊まらせるわけではない。多くの古民家再生を手がける東洋文化研究者のアレックス・カー氏を招き、6軒の古民家を改修。築100年以上を経た民家が、外観はそのままに居心地のよい空間へと生まれ変わった。

欄間や土間、古びた柱など伝統の建築様式は残しながら、床暖房やモダンなリビング、清潔な水回りなど快適な施設を完備。集落にたたずむ古民家はキッチンも備え、島の暮らしを疑似体験するような上質な時間が評判を呼んでいる。江戸時代の面影を残す集落を散策し、やわらかな照明に守られた古民家でゆったりと過ごす。日本の原風景に囲まれた贅沢な時間の使い方は、刺激だけを求める旅とは一線を画した新たな旅の形といえそうだ。

島の暮らしに溶け込む古民家

快適に泊まれるよう改修された古民家は、港周辺と北部の集落のなかに3軒ずつたたずむ。2〜6人の定員で、それぞれ大きさやデザインなど雰囲気が異なっている。

日月庵 NICHIGETSUAN

小値賀島の中心という気軽に町歩きを楽しめる立地が魅力。高台に立ち、港越しに日の出を望む和室の雰囲気がよい。

MAP P.99A2　**交** 小値賀港から徒歩約10分　**住** 北松浦郡小値賀町笛吹郷　**料** 素1万5400円〜（1人の料金。2泊目以降は1泊につき10〜20%割引）　**定員** 2人

先小路 SAKISHOJI

格子窓の民家が並ぶ港町の一角、島の人々が行き交う路地に面したこぢんまりとした家。島の暮らしに触れられる。

MAP P.99B2　**交** 小値賀港から徒歩約5分　**住** 北松浦郡小値賀町笛吹郷　**料** 素1万5400円〜（1人の料金。2泊目以降は1泊につき10〜20%割引）　**定員** 3人

親家 OYAKE

武家屋敷を改修した風格あるたたずまい。石垣沿いに広がるウッドデッキや広間などグループの滞在にもぴったり。

MAP 折り込み②B1　**交** 小値賀港から車で約15分　**住** 北松浦郡小値賀町柳郷　**料** 素2万1450円〜（1人の料金。2泊目以降は1泊につき10〜20%割引）　**定員** 6人

小値賀島の古民家にはバスルームや空調、リネンなど快適な設備が揃う。シャンプーや石鹸類も環境に優しいものを用意しているが、浴衣や歯ブラシなどの洗面用具はないので自分で持っていくこと。

リビングはソファスペースを一段
下げた、モダンなデザイン

IHキッチンを備え調理器
具も揃っているので、島の
食材で自炊することも

欄間が
いいね♪

通気性や採光のよさに
もひと役買っている欄間。
透かし彫りが美しい

純和風の
しつらい

のんびり
バスタイム

築138年の商家を改修した鮑集。和室らしい装飾に柔
らかな照明をあて、居心地のよい空間を作り上げた

水回りは清潔ですっきり。香りのよ
いヒノキ風呂がうれしい

鮑集 HOSHU **MAP** P.99A2 **交** 小値賀港から徒歩約10分
住 北松浦郡小値賀町笛吹郷 **素** 2万1450円〜（1人の料金。
2泊目以降は1泊につき10〜20％割引）**定員** 6人
問 おぢかアイランドツーリズム ☎ (0959)56-2646
URL ojikajima.jp

一期庵
ICHIGOAN
田園風景が
広がる柳郷
集落に立つ
2階建ての古民家。広いアトリエ
を併設しているので、島の風景を描
いてみては？
MAP 折り込み②B1 **交** 小値賀
港から車で約15分 **住** 北松浦郡
小値賀町柳郷 **素** 1万5950円
〜（1人の料金。2泊目以降は1泊に
つき10〜20％割引）**定員** 3人

一会庵
ICHIEAN
見事な襖絵
の玄関が印
象的。島で
最も美しいといわれる柿の浜海水
浴場まで徒歩20分という好ロ
ケーション。
MAP 折り込み②B1 **交** 小値賀
港から車で約15分 **住** 北松浦郡
小値賀町柳郷 **素** 1万5400円
〜（1人の料金。2泊目以降は1泊に
つき10〜20％割引）**定員** 2人

の〜んびり古民家に１泊

14:30 スタッフの案内で古民家へ

港から古民家までは、スタッフが車で連れていっ
てくれる。古民家の使い方や島内での過ごし方な
どの話を聞きなが
ら、しばしくつろい
で移動の疲れを癒や
す時間に。

自由時間 滞在中、何をするか
を相談！

15:45 自転車でゆる〜り島内散策

古民家周辺を散策するのもよいし、自転車で島内
巡りというのも楽しい。緑鮮やかな田園が広がり、
ところどころ歴史を感じさせる神社や寺院が点在
している。

自転車で15分 **料** 6時間 500円（電
動自転車は1000円）

450mの松並木が
続く姫の松原

18:00 古民家レストランで贅沢ディナー

築160年の古民家レストラン敬承藤松で、魚介
や野菜など地元素材を使った料理を堪能。捕鯨と
酒造りで一財を築い
た藤松家の、風情あ
る座敷で優美な時
間を→P.102。

徒歩3分 夜のコース 5500円〜。
写真は昼のコース

20:30 部屋に戻ってゆっくり過ごす

島の夜は早く更ける。柔らかな照明に守られた古
民家でのんびりするのが小値賀島らしい過ごし
方。もちろん飲み足
りないなら島民が集
まる別の居酒屋にハ
シゴしてもよい。

自由時間 お気に入りの空間
を見つけて

8:00 島の食材を使って朝ご飯を自炊！

古民家にはIHキッチンが備わっているので、朝は
自分たちのペースでのんびり自炊するというのも
あり。旬の魚や野菜を
味わえるのがうれし
い。スーパーの営業
時間に注意！

徒歩＋船25分 名物、ヒラマサの漬け丼
は自炊セットを販売

10:00 シカが暮らす野崎島に上陸

チャーターボートで小値賀島の隣に浮かぶ野崎島
へ。ほぼ無人状態の島だが、かつての村落を思わ
せる家屋や神
社跡が幻想的。
島内には野生
のニホンジカ
が生息。

丘の上に立つ、
旧野首教会

 小値賀島にいくつかある古民家を改修した宿。もちろん泊まるのがおすすめですが、船着場を見下ろす「日月庵」や路地にたたずむ「先
小路」などは、散歩の途中に探してみるだけでも楽しいですよ。
（兵庫県 GOさん）

自然と向き合う島の暮らしに触れる
体験型 民泊のすすめ

タコ壺から
コンニチハ

何十個も仕掛けたタコ壺を、ドキドキしながら引き上げる！

取ったばかりのタコと、漁師さんからもらったカツオを調理

晴れた日はボートに乗って
漁業体験へ GO！

漁業に農業、釣り、かまぼこ作りなど
体験メニューが充実

10軒ほどの民泊先から
ぴったりの宿を紹介します

五島列島B＆B(つばき邸)
大坪鷹子さん

おばあちゃんの家に帰ってきたようなあたたかみのある居間

漁業・農業など

若松島
五島列島B＆B
ごとうれっとうびーあんどびー

こんな体験ができます

漁業も農業も
何でもおまかせ

海や畑で旬の食材を
直接取ってきて、五島の調理法で
いただきま〜す

漁業体験や農業体験で取ってきた食材は、滞在先で調理するところまで教わる。魚さばき体験やよもぎ餅作りなど、宿の方と一緒に作った郷土料理は、いつもよりおいしく感じられるはず。

釣りや定置網体験から
かまぼこ作りまで

　いらっしゃい、と滞在先の家族に迎え入れられる若松島での民泊。居間でテーブルを囲みながら、今日は散歩くらいでゆっくり過ごそうか、いやいや夕飯のおかずを釣りに行こうよと、親戚の家に泊まりに来たようなマイペースな休暇が始まる。体験プログラムのおすすめは、歩いてすぐの港から漁船に乗って繰り出すタコ壺漁や定置網漁。取れた魚介類は、もちろん宿に持って帰って新鮮なうちに調理。さばき方を教えてもらいながら作った刺身や焼き魚の味は格別。

港まですぐの民家
でのんびり過ごす

MAP P.96C2
交 若松港から車で約7分　**住** 南松浦郡新上五島町若松郷620-29　**料** 朝夕7500円（体験メニューは2500円〜）
客室数 1室　**駐車場** あり　**問** 五島列島B＆B（つばき邸）
☎ (0959)46-2824　※希望に合わせて最適な民家を紹介してくれる

voice 五島列島Ｂ＆Ｂの民泊はホームステイと同じで、食事は滞在先の家族と一緒に取り、トイレやお風呂も共同。歯ブラシやタオルは持参する。1泊のみの滞在が基本だが連泊のリクエストも可能。体験メニューは別途料金が必要となり予約制の参加となる。

民泊とは、一般の家庭に泊まり家族のように過ごす体験型の旅スタイル。
農家や漁師の家で、郷土料理を教わったり魚を釣ったりという経験も。
お父さん、お母さんとの会話を楽しみながらの一家団らんが新鮮♪

宿に着いたら、手作りのおやつでおもてなし

テーブルいっぱいの郷土料理に
テンションが上がる！

アジを
取られた〜！

堤防で釣り
をしている
とネコが集
まってくる

新鮮な海と山の幸を
た〜っぷり味わって

勘助の宿
（小値賀の民泊宿泊先）
宇戸正一郎さん、靖代さん、
正和さん

家族の一員になったような
楽しい夕食のひととき

アジフライ
作るの初めて
なんです〜

釣ってきたアジは、自分で
さばいてアジフライに

さわやかなところてん
は夏の風物詩

漁業・農業
など

小値賀島

小値賀の民泊
おぢかのみんぱく

こんな
体験が
できます

**堤防で夕食用の
アジを釣る！**

旬の食材を贅沢に使った
郷土料理を体験

まき餌と疑似餌を使う
サビキ釣りなので、
初めてでも簡単！

　体験民泊は夕食用の魚釣りからス
タート。教えてくれるのは漁師のお父
さん。島の人たちに交じって堤防から
釣り糸を垂れる。ググッと竿がたわみ、
急いで引き上げると活きのいいアジ
が！　1時間ほどで20〜30尾ほどのアジが釣れた。家に戻って今度は
お母さんの料理をお手伝い。釣った魚はさばいてフライにする。テーブ
ルを埋め尽くす多彩な料理を味わいながらの団らんが楽しい。島暮らし
や旅の話をしながら、にぎやかな夜は更けていく。

港で宿泊先のお母さんとご対面

料　朝夕 8800円
問　おぢかアイランドツーリズム☎(0959)56-2646
URL　ojikajima.jp
※希望に合わせて最適な民家を紹介してくれる

季節によって網にかかった魚を外したり、
畑の草抜きや収穫の手伝いをしたりするこ
とも。旬の食材を使った郷土料理を教えて
もらえば、自宅でも小値賀の味を楽しめる。

voice　小値賀島の民泊は16:00に港で待ち合わせ、次の日の9:00に港まで送ってもらう1泊2日が基本。季節により体験できる
プログラムは異なり、おぢかアイランドツーリズムがアレンジしてくれる。

89

MAP P.15 中

中通島
なかどおりじま
エリアガイド

新上五島町の中心となる島で、東西南北に陸地が延びる十字架を思わせる形が印象的。中央部の有川と青方が観光の拠点となる。島内には豊かな自然に包まれた美しい教会が点在し、弾圧に耐えた苦難の歴史と信仰の尊さを伝えている。

観る・遊ぶ

優美な教会が複雑な信仰の歴史を語る

島内には世界遺産候補の頭ヶ島天主堂をはじめ29の教会が立つ。幻想的なステンドグラスや歴史が薫るれんが造りの壁など、個性豊かで美しい教会のデザインは、見れば見るほどに楽しみが増す。

買う

種類豊富な郷土料理を家でも楽しみたい

品揃えが豊富なのは、有川港からすぐの新上五島町観光物産センター（→ P.94）。五島うどんやアゴだし、かんころ餅などの特産品が定番だ。ヤブツバキから取れる良質な椿油や椿油配合の石鹸も人気。

食べる・飲む

クジラやハコフグなど独特の食文化が残る

新鮮な魚介はもちろん、五島うどんの本場でもある中通島。釜揚げうどんをアゴだしや生卵とあえて食べる地獄炊きを堪能したい。かつてクジラ漁が盛んだったことから、クジラ料理を楽しめる店も多い。

泊まる

独自のコンセプトを掲げた宿泊施設が多い

有川や青方地区を中心に、快適なホテルからペンションや民宿まで多彩な宿泊施設が揃っている。どの宿も客室数が少なくピークシーズンは連泊が難しいこともあるので、早めの予約を心がけよう。

有川中心部
MAP 折り込み③C4

凡例:
- ● 観る・遊ぶ
- R 食事処
- S みやげ物店
- H 宿泊施設
- A アクティビティ会社
- H 神社
- i 観光案内所

0 — 500m

有川湾

- 有川レンタカー P.132 A
- 有川観光情報センター P.134 i
- 鯨賓館ミュージアム P.92 ●
- 有川港ターミナル
- うどん茶屋 遊麺三昧 P.94 R
- 新上五島町観光物産センター P.94 S
- 新上五島町観光物産協会 P.132 A i
- 海童神社 P.91 H
- 有川港 有川ビーチホテル浦 P.133 H
- 味彩 P.93 R
- 和風ペンション し喜 P.133 H
- 麺's はまさき P.93 R
- 寄り処 満 P.93 R
- 潮り茶屋 し喜 P.93 R
- auberge nanami P.133 H
- 有川大橋
- ビジネスホテルカメリア P.133 H
- 有川中学校
- 有川オートレンタカー P.132 A
- Re-harmo Cafe P.94 R
- トヨタレンタリース 有川店 P.132 A
- 新上五島警察署
- いろは鮨 P.92 R
- 384
- 蛤浜海水浴場 P.84 ●
- 時愉亭 P.133 H
- 高崎
- Hotel und Kitchen GOTO BASE P.132、133 H A
- 有川運動公園
- 62
- 大川橋
- 五島バックパッカーズ ぼれ P.94 H
- 384
- 茂串
- 384
- ホテルマリンピア P.95 H
- ホテルマリンピアレンタカー P.132 A
- 有川小学校

VOICE 江戸幕府が開かれる少し前、1598年に始まったとされる有川湾の鯨突漁。1684年には江口甚右衛門正利によって網取式の有川鯨組が創設された。有川港からすぐ、海童神社の奥手にある鯨見山では、クジラを見張る番人が交代制で海を眺めていた。

赤ダキ断崖

📷 景勝地　**エリア** 曽根　**MAP** 折り込み③ B2

あかだきだんがい

海岸にそそり立つレッドクリフ

中通島の北部、新魚目の景勝地。切り立つ崖は、かつて火口だった部分が波に削られたもの。最高部は海抜143m。近くの白草公園からの景色が圧巻。対岸には矢堅目の奇岩が。

🚗 有川港から車で約30分　**駐車場** あり

矢堅目公園

📷 公園　**エリア** 網上　**MAP** 折り込み③ B3

やがためこうえん

円錐の巨岩に守られた散策スポット

奈摩湾の入口に突き出した、円錐形の奇岩が目印。展望所から眺める、紺碧の東シナ海と入り組んだ海岸線が美しい。対岸から巨岩越しに眺める夕景は、上五島を代表する絶景とされる。

🚗 青方港から車で約25分　**駐車場** あり

米山展望台

📷 展望台　**エリア** 奈良尾　**MAP** 折り込み③ B6

こめやまてんぼうだい

奈良尾港を見下ろす絶景スポット

標高234mから若松瀬戸に浮かぶ美しい島々を一望する展望スポット。紺碧の海と緑の島々という組み合わせは長崎県観光百選に選ばれている。岬に守られた奈良尾港も見える。

🚗 奈良尾港から車で約11分　**駐車場** あり

津和崎椿公園

📷 公園　**エリア** 津和崎　**MAP** 折り込み③ C1

つわざきつばきこうえん

真っ白な灯台がたたずむ北端の丘

中通島の北端にある丘を登ると、頂上には真っ白な津和崎灯台が。展望所からは雄大な海に浮かぶ小値賀島や野崎島が見える。12〜3月頃にはツバキが華やかに咲き、散策が楽しめる。

🚗 有川港から車で1時間　**駐車場** あり

坂本龍馬ゆかりの広場

📷 公園　**エリア** 江ノ浜　**MAP** 折り込み③ D3

さかもとりょうまゆかりのひろば

龍馬が慰霊に訪れた場所

坂本龍馬が購入した帆船、ワイル・ウエフ号が暴風雨に遭い、沖合の潮合崎で遭難。池内蔵太はじめ12人の同志を失った。鎮魂の想いを込め、遭難場所を見つめて合掌する像が建てられた。

🚗 有川港から車で約20分　**駐車場** あり

奈良尾神社

📷 神社　**エリア** 奈良尾　**MAP** 折り込み③ B6

ならおじんじゃ

妖精が出てきそうなアコウ樹

江戸時代から漁師に信仰された神社。鳥居をまたぐように覆うアコウは樹齢650年以上で、高さ約25m、幹周り約12m。日本一の大きさを誇り、国の天然記念物に指定されている。

🚗 奈良尾港から徒歩約10分　🏠 南松浦郡新上五島町奈良尾郷333
駐車場 なし

希望の聖母像

📷 景勝地　**エリア** 岩瀬浦　**MAP** 折り込み③ C5

きぼうのせいぼぞう

漁船を見守るマリア像

カトリック教徒による遠洋巻き網船団、十字船団の拠点がある浜串。航海の安全や大漁を願い、1954年に建立、1996年に建て替えられた。穏やかな顔で海を見つめる。

🚗 奈良尾港から車で約30分　**駐車場** あり

海童神社

📷 神社　**エリア** 有川　**MAP** P.90C2

かいどうじんじゃ

鳥居はなんとクジラの骨！

1620年に海難防止を祈願して龍神を祀ったことが始まり。1973年にはナガスクジラの顎骨を使った鳥居が建てられ、上五島の捕鯨文化を象徴する神社として信仰されている。

🚗 有川港から徒歩約2分　**駐車場** あり

五島出身の有名人といえば佐田の山。中通島の有川町出身で、1965年に第50代横綱となり、引退後は日本相撲協会の理事長も務めた。その功績をたたえ、有川港ターミナルの前に銅像が立つほか、鯨賓館ミュージアム（→P.92）にも展示が。

91

博物館　エリア 有川　MAP P.90B2

鯨賓館ミュージアム
げいひんかんみゅーじあむ

子供から大人まで楽しめる捕鯨の歴史

捕鯨は上五島の文化遺産。有川港併設の博物館では、江戸時代の古式漁法から、戦後の食糧難を支えた近代設備までを展示する。

交 有川港ターミナル内　**住** 南松浦郡新上五島町有川郷578-36 有川港ターミナル1階　**電** (0959)42-0180　**時** 9:00〜17:00　**休** なし　**料** 210円、小・中学生100円　**駐車場** あり

寿司　エリア 有川　MAP P.90C2

いろは鮨
いろはずし

創業50年の地元でなじみの店

上五島の魚介を中心とした旬のネタが並ぶ。飾り包丁を入れるなど、ていねいな仕事を施した寿司は見た目も華やか。握り1100円のほか定食メニューも充実。

交 有川港から徒歩約10分　**住** 南松浦郡新上五島町有川郷700-12　**電** (0959) 42-0168　**時** 11:00〜14:00、17:00〜21:00　**休** 月曜　**駐車場** あり

寿司　エリア 奈摩　MAP 折り込み③ B3

すし処 嶋
すしどころ しま

素材のよさを生かす熟練の仕込み

地元では法事や宴会に使われる奈摩郷の名店。魚に応じて仕込みの時間を変え、絶妙な熟成度合いのネタを握る。おすすめは高級魚を贅沢に使った嶋特選すしセット 4400円。

左／トロやイクラなど8貫にアオサ汁が付いた上寿司1980円　右上／あふれるほどのネタがのった海鮮丼1100円は要予約　右下／予約をしたほうが、よいネタを確保しておいてくれるのでお得

交 青方港から車で約15分　**住** 南松浦郡新上五島町奈摩郷162-34　**電** (0959) 52-3977　**時** 12:00〜23:00(L.O.)　**休** 水曜　**駐車場** あり

イタリアン・フレンチ　エリア 青方　MAP 折り込み④

Restaurant Umigoto
れすとらん うみごと

多彩な食材のうま味を引き出す五島料理

イタリアンの名店アル・ケッチァーノの奥田シェフがプロデュース。地産地消をモットーに五島の食材を美しい一皿へ仕上げる。昼のセット1700円〜、夜のコース3500円〜。

上／肉と魚のメインが付くコース UMI-GOTO7800円　左下／食後のデザートは微発酵茶と一緒にイメージ　右下／店内は海をイメージ

交 青方港から車で約5分　**住** Hotel Aoka Kamigoto内→P.95　**電** (0959) 42-5090　**時** 11:45〜14:00 (L.O.13:30)、17:30〜21:30 (L.O.20:00)　**休** 不定休　**カード** 可　**駐車場** あり　**URL** hotelaoka.com/restaurants　※2021年4月に価格・メニュー変更予定

イタリアン　エリア 小串　MAP 折り込み③ C2

空と海の十字路
そらとうみのじゅうじろ

地の食材をふんだんに使う芸術的な一皿を

高台から紺碧の海を一望する絶景イタリアン。新鮮な魚介や野菜、五島牛、五島豚など地の食材にこだわり、時間をかけて仕込んだ見た目にも美しい料理を堪能できる。

左／五島の食材を使った一品料理やコースが揃う　上／自然光がさわやかに差し込む店内

交 有川港から車で約30分　**住** 五島列島リゾートホテル マルゲリータ内→P.95　**電** (0959)55-3155　**時** 11:30〜14:30 (L.O.14:30)、18:00〜22:00 (L.O.21:00)　**休** なし　**カード** 可　**駐車場** あり　**URL** www.margherita-resort.com

---

Voice 中通島の西側に浮かぶ若島と柏島の間に巨大なタンクが見える。これは上五島国家石油備蓄基地。洋上タンク方式では世界初となる石油備蓄基地で、440万kℓの貯油能力を誇る。5日前までの予約で見学可。**電** (0959)52-8800　**時** 土・日曜、祝日　**URL** www.kamigoto.co.jp

居酒屋　エリア 有川　MAP P.90B2
味 彩
あじさい

一品料理から定食まで豊富なメニュー

　旬の海鮮を中心に一品料理が充実した居心地のよい和食処。クジラ料理も味わえる。夜も定食セットが用意されているのがうれしい。

🚶 有川港から徒歩約7分
🏠 南松浦郡新上五島町有川郷2610-3　☎ (0959) 42-3765
🕐 12:00〜14:00 (L.O.13:30)、17:00〜22:00 (L.O.21:20)　休 水曜、第3火曜　予約 必要　駐車場 あり

うどん　エリア 七目　MAP 折り込み③ C4
竹酔亭 本店
ちくすいてい ほんてん

コスパ抜群！　中通島ランチの定番処

　ますだ製麺が運営する食堂。かけうどん480円などリーズナブルな値段で地元でも人気が高い。名物の地獄炊き700円は要予約。併設の物産館ではおみやげを。

🚶 有川港から車で10分
🏠 南松浦郡新上五島町七目郷449-1　☎ (0959) 42-0650
🕐 11:00〜14:30 (土・日曜、祝日は〜15:00)　休 なし　駐車場 あり

寿司　エリア 浦桑　MAP 折り込み③ B4
寿司処 真寿美
すしどころ ますみ

五島の海の旬を握りで楽しむ

　大ぶりのネタはほとんどが五島産。プリッとした新鮮な寿司を格安で楽しめる。並寿司やちらし寿司は1000円。写真は上寿司1400円。あら汁400円もおすすめ。

🚶 有川港から車で約10分
🏠 南松浦郡新上五島町浦桑郷1377-1　☎ (0959) 54-1995
🕐 11:30〜14:00、16:00〜21:00　休 日曜　駐車場 あり

居酒屋　エリア 有川　MAP P.90C2
溜り茶屋 し喜
たまりぢゃや しき

チャキチャキの女将さんが歓迎

　定食も単品も充実の人気店。し喜定食1980円は、有川港に朝揚がった刺身6〜7種とから揚げや五島うどんがセットに。くじら盛り合せ1848円も試したい。

🚶 有川港から徒歩約10分
🏠 南松浦郡新上五島町有川郷700-1　☎ (0959) 42-0933
🕐 17:00〜23:00　休 日曜　駐車場 あり

居酒屋　エリア 有川　MAP P.90B2
寄り処 満
よりどころ みつ

プリプリのメガ刺身盛りに挑戦!?

　地元出身の若い大将が、毎朝漁師の兄と漁船に乗って取った海鮮をさばく。刺身盛りは5〜6種のネタがのって1500円。10〜11月はハコフグ料理かっとっぽも。

🚶 有川港から徒歩約7分
🏠 南松浦郡新上五島町有川郷2618-2　☎ (0959) 42-0319
🕐 18:00〜23:00 (L.O.)　休 木曜　駐車場 あり

うどん　エリア 有川　MAP P.90A2
麺's はまさき
めんずはまさき

海辺のカジュアルなうどん店

　浜崎製麺所の直営店。ツルツルとのど越しのいい麺が特徴で、アゴだしが香る優しいスープとの相性は抜群。ランチのおすすめは、かき揚げ丼のセット920円。

🚶 有川港から車で約10分
🏠 南松浦郡新上五島町有川郷2427-16　☎ (0959) 42-3388
🕐 11:00〜14:00、18:00〜22:00　休 水曜、火曜の夜　駐車場 あり

居酒屋　エリア 浦桑　MAP 折り込み③ B4
海 舟
かいしゅう

上五島の珍味にチャレンジ

　刺身盛り1700円をはじめ、猪ロースの刺身950円やアオサの天ぷら350円、クジラの鍋など上五島の名物料理が充実。地元の人たちでにぎわう居酒屋。

🚶 有川港から車で約10分
🏠 南松浦郡新上五島町浦桑郷1380　☎ (0959) 54-2606
🕐 17:30〜22:00　休 月曜　駐車場 あり

バー　エリア 青方　MAP 折り込み④
メアリー モーガン
めありー もーがん

外国人旅行客も多い本格バー

　旅好きの若いマスターとの会話が楽しいバー。ジャズが流れる大人の空間で、世界のお酒を味わえる。

🚶 青方港から徒歩約15分
🏠 南松浦郡新上五島町青方郷1110-44　☎ (0959) 42-5678　🕐 20:00〜24:00 (L.O.)　休 日曜　カード 可
駐車場 なし　URL www.facebook.com/MARYMORGAN510

voice 大鍋から麺をすくって食べる五島うどんの地獄炊き。たっぷりのお湯が沸騰したら乾麺を入れ、箸でほぐしながら8〜10分。生卵と醤油であえた釜玉風や、アゴだしにつけて楽しむ。薬味はネギ、鰹節、ショウガが定番。ぜひ家庭でも！

うどん茶屋 遊麺三昧
うどんぢゃや ゆめざんまい

うどん | エリア 有川 | MAP P.90C2

港近くで食事をするなら

　有川港に隣接する、五島うどんの里にあるレストラン。ごぼう天うどん 600 円や地獄炊き定食 1130 円のほか、1日10セット限定の鯨定食 1230 円が人気。

交 有川港から徒歩約3分
住 南松浦郡新上五島町有川郷428-31　電 (0959)42-0680
時 11:00〜14:30 (L.O.14:00)　休 不定休　駐車場 あり

新上五島町観光物産センター
しんかみごとうちょうかんこうぶっさんせんたー

おみやげ | エリア 有川 | MAP P.90C2

おみやげ選びに迷ったらココ！

　中通島では最も品揃えが豊富なので、滞在中に一度は立ち寄りたい。椿油や五島うどんをはじめ、海産物や雑貨も多く、五島らしいおみやげが見つかる。

交 有川港から徒歩約3分
住 南松浦郡新上五島町有川郷428-31　電 (0959)42-0964
時 8:30〜17:00　休 なし　カード 可　駐車場 あり

SVN+
せぶんぷらす

カフェ | エリア 浦桑 | MAP 折り込み③ B4

リゾート気分にひたる楽園カフェ

　観葉植物が飾られた南国風カフェ。パスタやカレーのほか、五島ならではのトマトうどんのグラタン 900 円が人気。シェイクやスムージーなどスイーツも充実。

交 有川港から車で約10分
住 南松浦郡新上五島町浦桑郷1380　電 (0959)54-2077　時 11:00〜14:00、15:00〜20:00 (月曜11:00〜18:00)　休 水曜　駐車場 あり

奈良尾観光情報センター
ならおかんこうじょうほうせんたー

おみやげ | エリア 奈良尾 | MAP 折り込み③ B6

無料の足湯でリラックス

　奈良尾港内にある観光案内所。おみやげが買えるほか、五島の海の様子を写真や映像で紹介している。駐車場脇には無料の足湯が！

交 奈良尾港ターミナル内
住 南松浦郡新上五島町奈良尾郷728 奈良尾港ターミナル1階　電 (0959)44-0944
時 8:00〜12:00、13:00〜17:00　休 荒天時　駐車場 あり

Re-harmo Cafe
りはーもかふぇ

カフェ | エリア 浦桑 | MAP P.90A2

ログハウスで過ごすくつろぎの時間

　有川青少年旅行村に併設されたウッディな内装のカフェ。朝食 10:00 〜 11:30、昼食 11:30 〜 15:00、夕食 17:00 〜のほかカフェタイムは手作りケーキがおすすめ。

交 有川港から車で約5分
住 南松浦郡新上五島町有川郷2473　電 なし　時 10:00〜20:00　休 不定休　カード 可　駐車場 あり　URL reharmo.com

---

矢堅目の駅
やかためのえき

特産品 | エリア 網上 | MAP 折り込み③ B3

自家製の塩と椿油をチェック

　上五島の定番みやげが充実。奈摩湾で汲んだ海水を平釜で製塩した矢堅目の塩594 円 (250g) や、上質な椿油 2700 円 (30ml) に五島の自然の恵みが凝縮。

交 青方港から車で約20分
住 南松浦郡新上五島町網上郷688-7　電 (0959)53-1007　時 9:00〜17:00　休 なし　カード 可　駐車場 あり　URL www.yagatame.jp

---

メル・カピィあおかた
める・かぴぃあおかた

特産品 | エリア 青方 | MAP 折り込み④

地元主婦が通う地場産品の直売所

　上五島の新鮮な農産物や水産加工品が買える直売所。開店直後からにぎわい、目玉商品はあっという間になくなる。五島うどんなど特産品のコーナーもある。

交 青方港から徒歩約15分
住 南松浦郡新上五島町青方郷2274　電 (0959)52-2373
時 9:00〜17:20　休 土曜　駐車場 あり

五島バックパッカーズ ぼれ
ごとうばっくぱっかーず ぼれ

ゲストハウス | エリア 七目 | MAP P.90A3

蛤浜海水浴場まですぐの好立地

　おしゃれなカフェ&バー併設のゲストハウス。無垢材を基調とした空間で、リラックスして過ごせる。持ち込みOKの共有スペースは、ゲスト同士の情報交換の場に。

交 有川港から車で約5分
住 南松浦郡新上五島町七目郷1005-2　料 素3500円〜
客室数 2室＋12ベッド　駐車場 あり　URL 510backpackers.com

---

voice〈 中通島で注目のおみやげが、上五島カノンが販売するステンドグラスマスキングテープ (→ P.22)。上五島の教会をモチーフに、頭ヶ島天主堂、青砂ヶ浦教会、大曽教会、冷水教会、中ノ浦教会、土井ノ浦教会の 6 バージョンが揃う。

ホテル　エリア 青方　MAP 折り込み④

Hotel Aoka Kamigoto
ほてる　あおか　かみごとう

五島らしい意匠が光るデザインホテル

2019年12月、どこへ行くにも便利な青方にオープン。客室は五島の教会を思わせる和洋折衷のモダンデザイン。モノトーンを基調にビビッドな色を入れ、華やかな雰囲気も味わえる。予約必須の人気レストラン、Umigoto（→ P.92）を併設している。

上／7人まで泊まれるコンドミニアム・レイヤー　左下／人気のスーペリア・ツイン　右下／ライブラリーもおしゃれ

交 青方港から車で約5分　**住** 南松浦郡新上五島町青方郷1714
電 (0959) 52-3222　**料** 素6000円〜、朝7500円〜
客室数 31室　**カード** 可　**駐車場** あり　**URL** hotelaoka.com

ホテル　エリア 奈良尾　MAP 折り込み③ B6

五島列島リゾートホテル マルゲリータ奈良尾
ごとうれっとうりぞーとほてる　まるげりーたならお

広大な海と空を見渡す高台のリゾート

奈良尾港を見下ろす丘に立つ白亜のホテル。客室は島内の教会の数と同じ29室で、白と茶を基調とした落ち着いて過ごせるインテリア。広々としたラウンジや大浴場も居心地がよい。食事は併設の「海ト空〇ト星」で創作和食を。

上／採光がよく明るいロビーラウンジ　左下／エグゼクティブ・オーシャンの寝室　右下／評判の食事処

交 奈良尾港から車で約5分　**住** 南松浦郡新上五島町奈良尾郷712-3　**電** (0959) 44-1701　**料** 朝9900円〜、朝夕1万6500円〜
客室数 29室　**カード** 可　**駐車場** あり　**URL** margherita-star.com

ホテル　エリア 小串　MAP 折り込み③ C2

五島列島リゾートホテル マルゲリータ
ごとうれっとうりぞーとほてる　まるげりーた

緑豊かな北部にたたずむ清楚な隠れ家

真っ青な海を望む高台のホテル。白をベースにしたさわやかな客室のほか、眺めのよい温泉や夕日が美しいバーでリゾート気分を味わえる。

交 有川港から車で約30分
住 南松浦郡新上五島町小串郷1074　**電** (0959) 55-3101
料 素1万2100円〜、朝夕3750円〜、朝夕1万9800円〜
客室数 29室　**カード** 可　**駐車場** あり　**URL** margherita-resort.com

ホテル　エリア 浦桑　MAP 折り込み③ C4

ホテル メリッサ
ほてる　めりっさ

ひとり旅大歓迎のビジネスホテル

全室バス・トイレ付きで、ひとり旅にも人気。夕食は1階に併設された居酒屋、酔道蔵で五島の味を楽しめるほか周辺に食事処が充実している。

交 有川港から車で約10分。または**ⓘ**浦浜から徒歩約1分　**住** 南松浦郡新上五島町浦桑郷1298
電 (0959) 54-2001　**料** 素6300円〜、朝6960円〜（月曜を除く）
客室数 22室　**カード** 可　**駐車場** あり　**URL** hotel-melissa.net

ホテル　エリア 有川　MAP P.90A3

ホテルマリンピア
ほてるまりんぴあ

有川港すぐのシーサイドホテル

蛤浜海水浴場まで徒歩8分ほどの好立地。レストランやコインランドリーを完備し、マリンスポーツや長期滞在を楽しむ人にもぴったり。

交 有川港から車で約5分。または**ⓘ**蛤から徒歩約3分　**住** 南松浦郡新上五島町有川郷2555-1
電 0120-42-2424　**料** 素5750円〜、朝6555円〜　**客室数** 45室
カード 可　**駐車場** あり　**URL** www.hotelmarinepia.com

旅館　エリア 奈摩　MAP 折り込み③ B3

旅の宿 やがため
たびのやど　やがため

巡礼者が集まる静かな宿

教会を模した外観と、ステンドグラスを配した内装が印象的。眼前には奈摩湾の絶景が広がり、港に揚がる海の幸を新鮮なまま調理してくれる。

交 青方港から車で約15分。または**ⓘ**政彦神社前から徒歩1分　**住** 南松浦郡新上五島町奈摩郷910-29　**電** (0959) 52-4390　**料** 素5500円〜、朝6000円〜、朝夕7500円〜　**客室数** 12室　**駐車場** あり

中通島の宿選びで飲食店を重視するなら、有川港か青方港の周辺がおすすめ。どちらも港の周辺が商店街になっていて歩いて移動できる。のどかで静かな場所を選ぶなら、新魚目や矢堅目、奈良尾方面へ。

若松大橋を利用して日帰り観光も楽しめる

MAP P.15 下

若松島エリアガイド
（わかまつじま）

五島列島の真ん中に位置する若松島。中通島から若松大橋を渡ってアクセスできるので、ドライブがてら日帰りで立ち寄るのもよし、宿泊してのんびり島を巡るのもよし。緑豊かな海岸線に囲まれた入江は鮮やかなブルー！

観る・遊ぶ
**海風を感じながら
クルージングはいかが？**

　展望台からは緑の島々が連なる五島列島らしい景観を眺められる。美しい海を満喫するなら、キリシタン洞窟クルーズ（→ P.80）や若松瀬戸遊覧屋形船（→ P.83）を。

食べる・飲む
**食通をうならせる
料理店をチェック**

　飲食店は島に数軒程度。民宿えび屋（→ P.98）は、地元の人から愛され県外からの常連客も多い名店。割烹ゆう（→ P.98）では珍しいうつぼ料理を楽しめる。

買う
**旅の思い出を
おみやげに……**

　若松島にみやげ物店はなく、商店や民宿で特産品が買えるくらい。おみやげは中通島で買うことにして、若松島では美しい景色を存分に楽しむのが得策。

泊まる
**数軒の民宿ほか
体験民泊施設も**

　宿泊施設は数軒だが、五島列島 B&B（→ P.88）が島の家庭を利用した民泊を行っている。農業や漁業体験をしながら、島の自然や文化に触れよう。

若松島

- 日島の石塔群 P.97
- 日島　日島郷
- 竜宮小島
- 大平教会 P.34、97
- 有福島
- 馬頭山 ▲236
- 犬崎鼻
- 戻崎
- 月ノ浦
- 普通林道鬼ケ原線開通記念碑 P.97
- 犬崎
- 漁生浦島
- 榊ノ浦郷
- 若松島　天神山 ▲307
- 有福郷
- 有福教会 P.34、97
- 漁生浦橋
- 若松瀬戸遊覧屋形船カテリナ P.83
- 相ノ島
- ハゲ崎
- 籠観山展望所 P.97
- 旅館前川荘
- 極楽寺 P.98
- 若松大橋
- 中通島→
- 割烹ゆう P.98
- 橋口旅館 P.98
- 間伏郷
- 清水荘 P.98
- 若松港ターミナル
- 遊食館 P.98
- 守崎公園 P.97
- 第一祥福丸（集合場所）P.80
- 若松郷
- 下中島
- 神崎鼻
- 民宿えび屋 P.98
- 土井ノ浦教会 P.34、97
- 民宿つる屋
- ゲストハウスアイランド P.98
- 五島列島 B&B（つばき邸）P.88
- 野島
- 高崎鼻
- 高崎鼻
- 田ノ小島
- キリシタン洞窟 P.80
- 白崎

凡例
- 🔴 観る・遊ぶ
- Ⓡ 食事処
- Ⓗ 宿泊施設
- Ⓐ アクティビティ会社
- 卍 寺院
- ✛ 教会

N

0　1　2km

voice 自然が豊かな若松島。日島や月ノ浦の森には野生のシカが生息しており、日が暮れると餌を探して道路へ出てくることもある。夕方以降に車で移動するときは、細心の注意を払おう。

📷 景勝地　｜エリア｜若松　｜MAP｜ P.96C2

守崎公園
もりさきこうえん

若松大橋の勇姿を上下左右から狙う!

　若松大橋のたもとにある公園。間近に見上げる巨大アーチは大迫力。中通島へ渡る途中の上中島公園にも展望台があり、こちらは高台から橋を見下ろすことができる。

上／青い海に架かる白い橋
左下／守崎公園には花の展望台と岬の展望台が
右下／上中島公園の風の展望台からの眺め

🚌 若松港ターミナルから車で約3分　🅿 あり

📷 展望台　｜エリア｜若松　｜MAP｜ P.96C2

龍観山展望所
りゅうがんざんてんぼうしょ

行き交う船を眼下に眺めながら小休止

　上五島エリアでトップクラスの美景を誇る人気の展望台。138mの高台から若松瀬戸を見下ろせば、太陽の角度や潮の流れで変化する海の色が鮮やか。木々の間からそよぐ風が心地いい。

🚌 若松港ターミナルから車で約10分　🅿 あり

📷 教会　｜エリア｜若松　｜MAP｜ P.96C3

土井ノ浦教会
どいのうらきょうかい

高台から眺める港がすばらしい

　土井ノ浦港を見守る高台に立ち、教会入口付近から見下ろす海と集落は若松島らしいのどかな風景。伝道師カリストにちなんだ資料館を併設し、キリシタンの歴史を知ることができる。

🚌 若松港ターミナルから車で約10分　🏠 南松浦郡新上五島町若松郷853　🕐 9:00〜17:00　✖ 日曜9:00〜（ミサ）　🅿 あり

📷 景勝地　｜エリア｜月ノ浦　｜MAP｜ P.96B1

普通林道鬼ケ原線開通記念碑
ふつうりんどうおにがはらせんかいつうきねんひ

若松瀬戸を見下ろす夕日スポット

　月ノ浦の高台にある記念碑周辺は、日島越しに沈んでいく夕日を拝める知る人ぞ知る展望スポット。ただし途中の林道は悪路が続き、日没後は真っ暗で野生のシカが現れるのでご注意を。

🚌 若松港ターミナルから車で約40分　🅿 あり

📷 教会　｜エリア｜有福　｜MAP｜ P.96A1

有福教会
ありふくきょうかい

木造の小さな重層屋根がかわいらしい♪

　1817〜1829年頃に弾圧を逃れた信徒が移住し、4つの潜伏キリシタン集落があった有福島。教会は1927年に建てられ、小さいながらも頂に尖塔を重ねている。

🚌 若松港ターミナルから車で約25分　🏠 南松浦郡新上五島町有福郷有福　🕐 9:00〜17:00　✖ 土曜16:00〜（ミサ）　🅿 あり

📷 史跡　｜エリア｜日島　｜MAP｜ P.96A1

日島の石塔群
ひのしまのせきとうぐん

東シナ海を見つめる貴重な遺跡

　日島南岸にある14〜15世紀頃の古墓群。倭寇によって運び込まれたと思われる石塔が70基以上並び、古くは交易の要衝であったことがうかがえる。歴史のロマンにあふれた遺跡。

🚌 若松港ターミナルから車で約30分　🅿 あり

📷 教会　｜エリア｜西神ノ浦　｜MAP｜ P.96C1

大平教会
おおびらきょうかい

緑いっぱいの林道にテンションアップ

　木々が茂る道を抜け、群青の海へと開けた場所に現れる教会。1892年に建立され、1958年に建て替えられた。目の前の海岸には、瀬戸を航行する船を見守る聖母像が立つ。

🚌 若松港ターミナルから車で約25分　🏠 南松浦郡新上五島町西神ノ浦郷大平　🕐 9:00〜17:00　✖ なし　🅿 あり

極楽寺
寺院 エリア 若松 MAP P.96C2
ごくらくじ

優しいお顔の如来様にうっとり

若松港ターミナルからすぐの浄土宗の寺。重厚な瓦葺きの本殿の中に本尊の銅造如来立像がたたずむ。7世紀頃に制作された貴重な仏像で、国の重要文化財。ふくよかな顔と力強い体躯が特徴。

交 若松港ターミナルから徒歩約3分
住 南松浦郡新上五島町若松郷96　駐車場 あり

遊食館
食堂 エリア 若松 MAP P.96C2
ゆうしょくかん

五島の本マグロを満喫するならここ!

若松港ターミナルビルの2階にある食堂。名物の上五島生本マグロ丼2400円をはじめ、五島美豚丼850円や遊食館定食980円など、五島の味覚を楽しめるメニューが揃う。

交 若松港から徒歩すぐ　住 南松浦郡新上五島町若松郷219
電 090-8661-0484　時 11:30〜13:00 (L.O.)
休 土・日曜　駐車場 あり

割烹ゆう
居酒屋 エリア 若松 MAP P.96C2
かっぽうゆう

小骨をていねいに処理したウツボ料理

若松島育ちの気さくな大将がカウンターに立つ居酒屋。地魚の刺身1300円など旬の海鮮ほか、ウツボのたたき1000円を楽しめる。予約すればウツボ御膳も。

交 若松港ターミナルから徒歩約2分
住 南松浦郡新上五島町若松郷163　電 (0959)46-2877
時 17:00〜23:00 (L.O.22:00)　休 火曜　駐車場 あり

橋口旅館
旅館 エリア 若松 MAP P.96C2
はしぐちりょかん

漁師体験もできる老舗旅館

家族で出迎えてくれる宿。地元で揚げた魚をていねいにさばいた刺身や煮付けを楽しめる。定置網の引き上げ作業や、養殖マグロへの餌やりを体験できるプランも。

交 若松港から徒歩約2分　住 南松浦郡新上五島町若松郷163
電 (0959)46-2525　料 素4500円〜、朝5500円〜、
朝夕6500円〜　客室数 4室　駐車場 あり

民宿えび屋
割烹 エリア 若松 MAP P.96C2
みんしゅくえびや

地元の人も認める五島随一の味とサービス

家族で営む割烹民宿。板長が素材から調理までこだわり抜いた御膳が5400円〜。冬季以外はイセエビ、冬季はクエの追加もできる。4〜8月はランチのウニ丼1900円〜で舌鼓。

左／地魚の刺身や煮付け、長崎和牛などが並ぶ豪華御膳　右上／柔らかい明かりに照らされた店内で、親しみやすい若女将がお出迎え　右下／宿泊施設を併設。予約すればランチや夕食だけの利用も可

交 若松港ターミナルから車で約5分　住 南松浦郡新上五島町若松郷483　電 (0959)46-3120　時 11:30〜13:00、18:00〜21:00（ランチは4〜8月のみ）　休 不定休　予約 必要　駐車場 あり
URL www.goto-ebiya.com

清水荘
旅館 エリア 若松 MAP P.96C2
しみずそう

港に近く若松島観光の拠点に最適

若松港ターミナルを目の前にし、飲食店や商店も近い便利な立地。朝夕に出されるボリュームたっぷりの海鮮料理が評判でリピーターも多い。

交 若松港ターミナルから徒歩約2分　住 南松浦郡新上五島町若松郷160-6　電 (0959)46-2345　料 素5500円〜、朝6600円〜、朝夕8800円〜　客室数 12室　駐車場 あり

ゲストハウスアイランド
ゲストハウス エリア 若松 MAP P.96C2
げすとはうすあいらんど

キッチン完備で自炊ができる

1泊1グループのみのゲストハウス。キッチンが自由に使えるので長期滞在に便利。目の前は漁港なので、散歩がてら釣りを楽しむこともできる。農業体験や漁業体験のリクエストもOK。

交 若松港から車で約7分　住 南松浦郡新上五島町若松郷620-29
電 (0959)46-2824　料 素3500円〜　客室数 1室　駐車場 あり

voice 穏やかに見えるが、実は流れが速い若松瀬戸。常に時速7.5kmほどの潮流があって、渦潮も見られる。そんな環境からプランクトンが豊富で、カツオやタコ漁が盛んなほか、国内きってのブリの養殖地として知られている。

小値賀島エリアガイド
（おぢかじま）

起伏のある島が多い五島列島のなかで、耕作に適したなだらかな地形に恵まれた小値賀島。漁業も農業も盛んで古くから人々が暮らしていた。五島藩ではなく平戸藩に属していたことから、ほかの島々とは異なる文化が残る。

観る・遊ぶ
島内散策で豊かな自然と歴史に触れる

　港周辺に広がる笛吹郷（ふえふきごう）を離れると、日本の原風景が広がる小値賀島。田園や松林、美しいビーチを眺めながらのサイクリングが楽しい。
※野崎島の歩き方は P.81 へ

買う
小値賀港の売店でオリジナルグッズを

　小値賀港ターミナルにある売店では、落花生など島の名産品を使ったお菓子やジャム、オリジナルグッズを販売。笛吹郷にも海産物を扱う店がある。

食べる・飲む
笛吹郷には地元客でにぎわう居酒屋も！

　宿泊客は旅館や民宿で食事をとるのが一般的だが、笛吹郷には地元客でにぎわう居酒屋や寿司屋もある。古民家レストランでのコース料理も好評。

泊まる
モダンに改装された古民家が評判

　港周辺の笛吹郷を中心に、旅館や民宿が点在している。築 100 年以上の民家を改装した古民家ステイや体験型の民泊もあり旅のスタイルにあわせて選べる。
※小値賀の古民家は P.86 〜 87 の特集記事へ

若松島 ▶ エリアガイド／観る・遊ぶ、食べる・飲む、泊まる、小値賀島 ▶ エリアガイド

笛吹郷中心部
MAP 折り込み②B2

- 観る・遊ぶ
- R 食事処
- S みやげ物店
- H 宿泊施設
- A アクティビティ会社
- i 観光案内所

小値賀町役場
161
民宿 ちとせ
R すずらん P.101
交番　小値賀郵便局
R 旬菜島工房 小辻家 P.102
R 谷商店 P.102
R 焼島こにし P.102
R 晋弘舎 P.116
R OJIKAPPAN P.116
歴史民俗資料館 P.101
民宿 たとみ
H A オヂカノオト P.103
tan tan R P.101
笛吹郷
旅館 丸ま
讃岐屋 P.103 S 古民家 先小路 P.86
古民家 日月庵 H P.86
H 民宿 鈴の屋
民宿 はかたや
おと家 R P.101
平六寿司 P.102
古民家 鮑集 H P.86
161
A おぢか海旅マリンサポート P.82
H 小西旅館 P.103
小値賀港 フェリーターミナル
民宿 千代 P.103 H
はまゆう発着所
おぢかアイランドツーリズム i P.132、134
おぢかターミナルショップ S P.103
島宿御縁 H P.103
あい菜市
あわび館 P.103

0　100m

笛吹

VOICE　漁場に恵まれた小値賀島では、イサキを値賀咲（ちかさき）という名前でブランド化している。撒き餌を一切使わず 1 尾ずつ釣り上げたイサキは、上質な身がおいしいと評判。少し黒みを帯びたイサキは、初夏を告げる魚として島の人々にも親しまれている。

99

📷 景勝地　エリア 柳　MAP 折り込み② B1

長崎鼻
ながさきばな

牛が草を食むのどかな岬

島の北海岸に突き出した広々とした草原。放牧された牛が、潮風によってミネラルを豊富に含んだ牧草をのんびり食べている。緑と青の組み合わせが、優しい童話の世界のよう。

🚃 小値賀港から車で約25分　🅿 あり

📷 海水浴場　エリア 中村　MAP 折り込み② B2

船瀬海水浴場
ふなせかいすいよくじょう

繁華街からすぐの穏やかなビーチ

島の中心部から徒歩圏内の海水浴場。砂浜を囲むようにブロックが敷かれているので、ゆっくり腰を下ろすのに最適。夏場はのんびりと夕涼みを楽しむ人々の姿が見られる。

🚃 小値賀港から車で約5分　🅿 あり

📷 景勝地　エリア 斑島　MAP 折り込み② A1

ポットホール
ぽっとほーる

自然の営みが生み出したパワースポット

玉石鼻にある国指定の天然記念物。出入りする海水の勢いで回転する玉石が岩礁を削り、深さ3mにまで達している。すべすべの石は直径50cmほどあり、玉石様と呼ばれている。

🚃 小値賀港から車で約20分　🅿 あり

📷 砂浜　エリア 前方　MAP 折り込み② C2

赤浜海岸
あかはまかいがん

火山島の面影が残る赤い砂浜

赤い砂で覆われた神秘的な海岸。この赤は鉄分を多く含んだ火山礫によるもので、小値賀島が火山によってできた島であることを示している。光によって赤の見え方が変化していく。

🚃 小値賀港から車で約6分　🅿 あり

📷 景勝地　エリア 柳　MAP 折り込み② B1

五両ダキ
ごりょうだき

クリアブルーの海を眺める隠れ家海岸

ダキとは小値賀の言葉で崖のこと。長い年月をかけて波に削られた断崖の下に、小さな砂浜が形成されている。わかりにくい場所にあるので人が少なく静か。周辺の海は驚きの透明度!

🚃 小値賀港から車で約25分+徒歩5分　🅿 あり

📷 海水浴場　エリア 浜津　MAP 折り込み② B1

柿の浜海水浴場
かきのはまかいすいよくじょう

島の人も太鼓判をおす美景ビーチ

真っ白な砂浜が延びる、穏やかで遠浅のビーチ。透明度が高く眺めているだけで癒やされる。夏季のみシャワーとトイレを開放。シーナヤックやダイビングのフィールドとしても使われる。

🚃 小値賀港から車で約20分　🅿 あり

📷 景勝地　エリア 前方　MAP 折り込み② C1

愛宕山園地
あたごやまえんち

海からの風に気分爽快

小高い山の上から島全体を見渡す小値賀島きっての展望スポット。晴れた日には東に野崎島、北に納島や宇久島を眺めることができる。園内に咲く四季折々の花も美しい。

🚃 小値賀港から車で約25分　🅿 あり

📷 史跡　エリア 中村　MAP 折り込み② B2

牛の塔
うしのとう

小値賀島の礎となった牛を祀る

もともとふたつの島に分かれていた小値賀島。鎌倉時代末期に埋め立てが行われ、1334年に竣工し現在の姿となった。ここには埋め立て工事で犠牲となった牛が祀られている。

🚃 小値賀港から車で約7分　🅿 なし

voice 小値賀島は平坦な島なので、小値賀港に窓口をもつおぢかアイランドツーリズム(→P.134)でレンタサイクルを借りるのもあり(6時間500円、1日1000円、電動自転車6時間1000円)。笛吹郷を離れると商店はほとんどないので、お弁当や飲み物は買っておくこと。

📷 景勝地　エリア 斑島　MAP 折り込み② A1

サンセットポイント
さんせっとぽいんと

日が沈んでからの茜色がサイコー！

　斑島を一周する夕焼けロードの途中にある絶景ポイント。小高い場所から西の海に浮かぶ島々を眺められる。晴れた日は水平線に沈む太陽とともに、空と海が赤く染まっていく。

🚗 小値賀港から車で約25分　🅿 あり

📷 寺院　エリア 前方　MAP 折り込み② B2

長壽寺
ちょうじゅじ

雲龍図が迎える由緒正しき寺

　平戸松浦の16代当主により1300年代に建てられたと伝わる寺。当家にまつわる多くの宝物を所蔵する。本堂には水墨画家の安藤美香氏が描いた雲龍図が。

🚗 小値賀港から車で約10分
🏠 北松浦郡小値賀町前方郷871　📞 (0959)56-2230
🕐 8:00〜17:00　休 なし　🅿 あり　URL chouju1394.jp

📷 博物館　エリア 笛吹　MAP P.99B2

歴史民俗資料館
れきしみんぞくしりょうかん

散策前にまずは立ち寄ってお勉強♪

　小値賀島の地理や歴史、風俗などがわかる資料を展示。遣唐使や潜伏キリシタンの資料も充実している。

🚗 小値賀港から徒歩約10分
🏠 北松浦郡小値賀町笛吹郷字木ノ下1931　📞 (0959)56-4155　🕐 9:00〜17:00　休 月曜（祝日の場合は翌日）、25日（日曜を除く）　料 100円　🅿 なし

🍵 カフェ　エリア 笛吹　MAP P.99B2

tan tan
たんたん

町歩きの休憩に手作りスイーツでほっこり

　笛吹郷の路地にたたずむかわいいカフェ。焼菓子の香りに満ちた店内には、自家製のケーキやクッキーが並ぶ。島民の一番人気はなめらかプリン280円。

🚗 小値賀港から徒歩約7分
🏠 北松浦郡小値賀町笛吹郷1540-2　📞 (0959)56-2662　🕐 10:00〜17:30　休 月・火曜（月曜が祝日の場合は火・水曜）　🅿 なし

📷 教会　エリア 笛吹　MAP 折り込み② B2

小値賀教会
おぢかきょうかい

地元で守られ続ける素朴な教会

　野崎島に立つ野首教会の巡回教会として1960年に建立。島民の集団移転による野首教会閉鎖にともなって使用されることになった。現在の聖堂は舟森教会の司祭館が移築されたもの。

🚗 小値賀港から車で約7分　🏠 北松浦郡小値賀町笛吹郷字段地2679-1　🕐 おぢかアイランドツーリズムへ→P.134　🅿 あり

🍴 食堂　エリア 笛吹　MAP P.99B2

おと家
おとや

長崎のソウルフード、絶品ちゃんぽんを味わう

　五島弁シンガーのベベンコビッチさんが厨房に立つ古民家食堂。ランチの名物はあごだしちゃんぽん750円。夜は居酒屋に早変わり。ライブ演奏が聴けるかも？

🚗 小値賀港から徒歩約6分
🏠 北松浦郡小値賀町笛吹郷1537-34　📞 (0959)56-3090
🕐 11:00〜14:00、18:00〜21:00　休 月・火曜　🅿 なし

📷 神社　エリア 前方　MAP 折り込み② C2

地ノ神島神社
ちのこうじまじんじゃ

島内最古の謎多き神社

　小値賀島の東海岸に立つ神社。遣唐使船の航海安全を祈念して建てられたと伝わる。沖に浮かぶ野崎島の沖ノ神島神社は704年に分祀されたもので、前方湾を挟んで向き合っている。

🚗 小値賀港から車で約12分　🏠 北松浦郡小値賀町前方郷3939　🅿 なし

🍴 居酒屋　エリア 笛吹　MAP P.99B1

すずらん
すずらん

ランチのお弁当に定評あり！

　若いご夫婦が昼はカフェ、夜は居酒屋として営業。刺身盛り2人前1400円〜をはじめ、定食や一品料理が豊富。

🚗 小値賀港から徒歩約10分
🏠 北松浦郡小値賀町笛吹郷1856-2　📞 (0959)56-2468　🕐 10:00〜13:30(L.O.)、14:00〜16:30(カフェ)、17:30〜23:30(L.O.)　休 日曜、祝日　🅿 なし

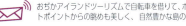

✉ おぢかアイランドツーリズムで自転車を借りて、ポットホールのある斑島までのんびりサイクリングを楽しみました。夕日の名所サンセットポイントからの眺めも美しく、自然豊かな島の魅力を堪能できます。
（ 神奈川県　サイチョーさん）

🏆 和食　エリア 前方　MAP 折り込み② C2

古民家レストラン 敬承藤松
こみんかれすとらんけいしょうふじまつ

重厚感あふれる古民家で旬食材のコース料理を

捕鯨や酒造りで富を築いた旧藤松家の屋敷を改修した和食処。港に揚がったばかりの魚介や島の赤土で栽培された野菜を、昼3850円〜、夜5500円〜のコースでいただく。

上／イサキなど旬の刺身に小鉢を添えたランチの藤コース
左下／木造の豪邸を改修 右下／広い和室でゆったり賞味

🚗 小値賀港から車で約15分　🏠 北松浦郡小値賀町前方郷3694-1
☎ (0959)56-2646　🕐 11:00〜15:00、18:00〜22:00
🈺 火曜(祝日の場合は翌日)　カード 可　駐車場 あり
予約 2日前の18:00までに必要　URL ojikajima.jp/fuji-matsu

🏆 寿司　エリア 笛吹　MAP P.99B2

平六寿司
へいろくずし

小値賀漁港に揚がったばかりの魚がネタに

漁港の目の前に立つ寿司店。旬の魚介を厳選した握り寿司は、赤だしの味噌汁とセットで2100円。配達などで店主が店を離れている場合もあるので、予約しておくと確実。

左／取れたての鮮魚はプリプリの弾力が魅力 右上／カウンターで島の味を　右下／暖簾が営業している目印

🚶 小値賀港から徒歩約5分　🏠 北松浦郡小値賀町笛吹郷2789
☎ (0959)56-2673　🕐 11:00〜13:00　🈺 月曜　駐車場 なし

🏆 和食　エリア 笛吹　MAP P.99B1

旬菜島工房 小辻家
しゅんさいしまこうぼう おぢか

食材に恵まれた小値賀島の魅力を感じて

小値賀で生まれ育った店主が、食を通して島の魅力を伝えるべくオープンした創作和食店。食材の旬が感じられるていねいな仕込みが光る。魚介はもちろん野菜もおいしい。

上／迷ったら、刺身盛り合わせ1000円〜
左下／赤鶏もも炭火焼1200円 右下／カウンターのほか個室も用意

🚶 小値賀港から徒歩約10分　🏠 北松浦郡小値賀町笛吹郷1853-1
☎ (0959)56-3299　🕐 18:30〜24:00(L.O.23:00)　🈺 月曜
駐車場 なし　URL shimakoubouojika.com

🏆 焼き鳥　エリア 笛吹　MAP P.99B2

焼鳥こにし
やきとりこにし

ファミリー利用も多い、地域に愛される店

飲食店や商店が並ぶ通りに立つ。築80年以上の古民家を改装した店内は、あたたかみがあり居心地がよい。名物の赤鶏のタタキ1000円、とり身120〜180円。

🚶 小値賀港から徒歩約10分
🏠 北松浦郡小値賀町笛吹郷1837-1　☎ (0959)56-4728
🕐 17:30〜22:00(L.O.21:30)　🈺 水曜　カード 可　駐車場 なし

🏆 居酒屋　エリア 谷商店　MAP P.99B1

谷 商 店
たにしょうてん

島人と旅人が集う活気あふれる居酒屋

祖母が営んでいた商店を、若い店主がUターンして改装。モダンなダイニングに、島内外から若者が集まる。玉子焼き650円、シメサバ600円、刺身は要予約。

🚶 小値賀港から徒歩約10分
🏠 北松浦郡小値賀町笛吹郷1851-1　☎ (0959)55-2134
🕐 18:00〜21:00(L.O.)　🈺 日曜　駐車場 なし

voice 小値賀島の魚といえば、夏に取れるイサキ「値賀咲」が有名。ほかにも春はサワラやイカ、夏はハモ、秋はサンマ、冬はブリやクエが旬をむかえる。刺身はもちろん焼き魚や煮魚、鍋などでいただける。

海産物　エリア 笛吹　MAP P.99B2
讃岐屋
さぬきや

手作りの海の幸を買うならココ！

　海産物が豊富な小さなみやげ物店。鮑のわたの塩辛2100円をはじめ、塩うに、さざえの佃煮、アオサほか、オリジナルの珍味も販売。気さくなおかあさんが笑顔で迎えてくれる。

🚋 小値賀港から徒歩約7分　🏠 北松浦郡小値賀町笛吹郷1636
☎ (0959)56-2345　🕐 7:00～18:30　休 不定休　🅿 なし

ゲストハウス　エリア 笛吹　MAP P.99B2
オヂカノオト
おぢかのおと

1日1組限定の一棟貸しゲストハウス

　海沿いの高台に立つ静かな宿。リビングやテラスから沖に浮かぶ野崎島を一望できる。自炊ができるほか、飲食街まで歩いてすぐ。宿のそばの飲食店「おと家」で休憩もできる。

🚋 小値賀港から徒歩約8分　🏠 北松浦郡小値賀町笛吹郷1720
☎ (0959)56-3090　🛏 素8580円～　客室数 1室　🅿 あり
URL ojikanooto.com

おみやげ　エリア 笛吹　MAP P.99C3
おぢかターミナルショップ
おぢかたーみなるしょっぷ

情報収集がてらおみやげもチェック！

　小値賀島旅のコンシェルジュ、おぢかアイランドツーリズムの窓口に併設するショップ。落花生やかんころ餅など島の名産品をはじめ、島の若者が生産する注目の食品や菓子を販売している。

🚋 小値賀港ターミナル内　🏠 北松浦郡小値賀町笛吹郷2791-13
☎ (0959)56-3293　🕐 6:30～15:00　休 なし　🅿 あり
URL www.shima-uma.net

民宿　エリア 前方　MAP 折り込み② C1
民宿愛宕
みんしゅくあたご

小値賀のなかでも特に静かな場所

　全3室のこぢんまりとした民宿。漁協に勤めていたご主人が腕を振るう新鮮な魚介料理が評判。宿から出るとすぐに漁港があり、島ならではののんびりとした景観を満喫できる。

🚋 小値賀港から車で約15分　🏠 北松浦郡小値賀町前方郷3684-3
☎ (0959)56-2491　🛏 素4500円～、朝5000円～、朝夕7000円～　客室数 3室　🅿 あり　URL minshuku-atago.com

海産物　エリア 笛吹　MAP P.99B3
あわび館
あわびかん

活きサザエやアワビをおみやげに！

　アワビの漁獲量日本一を誇った小値賀島を象徴する建物。1階の直売所ではアワビやサザエほか水産加工品の販売、鮮魚ボックスの予約注文が可能。2階はアワビ漁に関する資料を展示。

🚋 小値賀港から徒歩約5分　🏠 北松浦郡小値賀町笛吹郷2791-3
☎ (0959)56-3232　🕐 8:00～16:30
休 木曜（祝日の場合は金曜）※8月は無休　🅿 あり

旅館　エリア 笛吹　MAP P.99B2
小西旅館
こにしりょかん

小値賀港からすぐの好立地

　小値賀島で最も港に近い場所にある宿泊施設。笛吹郷の商店街まで近いので、食事を外で食べたい人には便利。朝食はボリューム満点でどこか懐かしい家庭の味。

🚋 小値賀港から徒歩約5分　🏠 北松浦郡小値賀町笛吹郷2789
☎ (0959)56-3145　🛏 素5500円～、朝6000円～※夕食は応相談　客室数 14室　🅿 あり

旅館　エリア 笛吹　MAP P.99A3
島宿御縁
しまやどごえん

ダイニングルームから小値賀の海を一望

　笛吹港を見下ろす高台に立つ宿。島のファミリーがアットホームな雰囲気のなか、もてなしてくれる。ゲストハウス（3800円～）とカラオケハウスを併設。

🚋 小値賀港から徒歩約10分
🏠 北松浦郡小値賀町笛吹郷1359-1　☎ (0959)56-2588
🛏 素6800円～、朝7800円、朝夕8800円～　客室数 14室+10ベッド　カード 可　🅿 あり　URL www.shimayadogoen.com

民宿　エリア 笛吹　MAP P.99A3
民宿千代
みんしゅくちよ

女将さんに会いに常連客が訪れる

　漁師のご主人が釣ってきた魚を、腕自慢の女将さんがさばく。親戚の家に帰ってきたかのようなアットホームな雰囲気に、毎年のように通うリピーターも多い。飲食街も徒歩圏内。

🚋 小値賀港から徒歩約10分　🏠 北松浦郡小値賀町笛吹郷1358-6　☎ (0959)56-2867　🛏 素4000円～、朝4500円～、朝夕6300円～　客室数 3室　🅿 あり

voice　笛吹郷にある原田釣具店では、釣り竿のレンタルを行っている。アジ釣り竿1日500円（針は別途購入）、エギング竿1日1000円（エギング・リール付き）。🏠 北松浦郡小値賀町笛吹郷2789　☎ (0959)56-2043　🕐 8:00～17:00　休 日曜

103

五島列島のルーツを探る最果ての島

宇久島エリアガイド
うくじま

五島列島の最北端に位置し、行政区分では佐世保市に属する宇久島。五島藩の始祖とされる平家盛が上陸した地と伝わり、いたるところに五島文化の源流が見られる。青い海に包まれた緑豊かな島で、五島の歴史を探訪しよう。

📷 観る・遊ぶ
島の端に点在する景勝地を目指そう
　森林と草原が広がる宇久島。大きな観光施設はないので、灯台や展望台を巡りながら、おいしい空気とのどかな景観を堪能しよう。牛の放牧地が多い!?

🎁 買う
海産物から装飾品まで島のおみやげを
　鮮魚店には保存もきく海産物が充実。浜方ふれあい館（→P.107）にはクジラの肉や貝のアクセサリーが。宇久町観光協会売店（→P.107）も便利。

🍵 食べる・飲む
平港周辺に食事処や居酒屋が集中
　平港から徒歩圏内に広がる島の商店街。ほとんどの飲食店がこのエリアに点在している。かっちゃん（→P.106）のクジラカツカレーは必食メニュー！

🏠 泊まる
クジラ料理は事前に要確認！
　ほぼすべての宿泊施設が平港周辺に在店。夕食には地物の新鮮魚介を楽しめる。クジラ料理が目当ての場合は、事前にリクエストしておくと確実。

宇久島

凡例：
- 🔴 観る・遊ぶ
- Ⓡ 食事処
- Ⓢ みやげ物店
- Ⓗ 宿泊施設
- Ⓐ アクティビティ会社
- 卍 寺院
- 🜚 神社
- ⓘ 観光案内所

対馬瀬灯台 P.105
三浦神社のソテツの巨樹 P.105
大浜海水浴場 P.84、105
長崎鼻灯台 P.105
火焚崎 P.105
城ヶ岳展望所 P.105
ヤマサキリンエイ P.132
黒潮鮮魚 P.107
レストハウスもりた P.106
宇久交通 P.132
前田鮮魚店 P.107
東光寺 P.106
佐世保市宇久島資料館 P.106
おおきに P.106
藤屋旅館 P.107
スゲ浜海水浴場 P.84、105
汐出海浜地 P.84
厄神社 P.106
かっちゃん P.106
シーサイドホテル藤蔵
堀川恵比寿宮 P.106
浜方ふれあい館 P.107
平港ターミナル
宇久町観光協会案内所 P.132、134
丸金荘
井原旅館 P.107
宇久町観光協会売店 P.107
宇久島グリーン・ツーリズム振興会 P.107
カラオケハウス エトワール P.106
アコウの巨樹 P.105

五島崎　平原草原　木場　太田江　神島神社　平　厄神崎　寺島　神浦　小島崎　永手崎　牧崎　恵石　野方　宇久島

voice　アップダウンが少ない宇久島の移動は、電動アシスト付き自転車「うくちゃり」が大活躍。平港ターミナル内の宇久町観光協会案内所（→P.134）で貸し出しを行っている。料金は1時間300円、3時間700円、1泊1500円。

📷 景勝地　エリア 平　MAP P.104B2

城ヶ岳展望所
しろがたけてんぼうしょ

空気がおいしい宇久島の最高峰

　島の中央にそびえる城ヶ岳は、五島富士と称される宇久島の最高峰。標高258mの山頂に展望台があり、北に壱岐や対馬、南に上五島の島々を望む。山城の石垣が残る。

🚌 平港から車で約25分＋徒歩約10分　🅿️ あり

📷 海水浴場　エリア 平　MAP P.104C2

大浜海水浴場
おおはまかいすいよくじょう

草原から見下ろす浅葱色の海

　1kmにわたって続く白い砂浜の先に、淡いブルーの海が広がる。高台にキャンプ場があり、そこからの眺めが爽快。打ち寄せる波と潮風に揺れる牧草は、見ているだけで癒やされる。

🚌 平港から車で約15分　🅿️ あり

📷 景勝地　エリア 平　MAP P.104C2

長崎鼻灯台
ながさきばなとうだい

沖に浮かぶ謎の島の正体は？

　大岩が転がる岩礁に白い灯台が立つ。その沖に浮かぶのは、古志岐島灯台。日清戦争直前の1894年に国防のために設営されたもので、氷山のような孤島と屹立する灯台が独特の雰囲気。

🚌 福平港から車で約20分　🅿️ なし

📷 海水浴場　エリア 平　MAP P.104C2

スゲ浜海水浴場
すげはまかいすいよくじょう

海沿いに連なるヤシの木がトロピカル！

　マリンテラスを完備した遊びやすい海水浴場。白い砂浜に並ぶヤシがリゾートムードを盛り上げる。ハマユウの群落地もあり、夏になると海岸を飾る白い花が甘い香りを漂わせる。

🚌 平港から車で約10分　🅿️ あり

📷 景勝地　エリア 野方　MAP P.104C1

対馬瀬灯台
つしませとうだい

五島最北端にたたずむ白亜の灯台

　五島列島のいちばん北に立つ対馬瀬灯台。沖に広がるのは、かつて遣唐使が荒波を越えて大陸を目指した東シナ海。先人たちが抱いた夢に思いをはせながら、ロマンを感じよう。

🚌 平港から車で約25分　🅿️ あり

📷 景勝地　エリア 小浜　MAP P.104B3

アコウの巨樹
あこうのきょじゅ

繁茂する枝の間に妖精が隠れていそう!?

　島南端の港の近くに林立する巨大なアコウ樹。幹周りが16mほどのものもあり、樹齢は数百年とみられている。複雑に絡み合う根や幹がエネルギッシュ。道沿いにあり手軽に観賞できる。

🚌 平港から車で約10分　🅿️ なし

📷 景勝地　エリア 本飯良　MAP P.104A2

火焚崎
ひたきざき

五島の歴史はここから始まった!?

　五島藩の始祖とされる平家盛が、壇ノ浦の合戦に敗れて流れ着いたと伝わる。岬の下の入江に船を隠し、焚火で暖をとったことから火焚崎と呼ばれる。ここからの夕日はドラマチック。

🚌 平港から車で約30分　🅿️ あり

📷 神社　エリア 太田江　MAP P.104B1

三浦神社のソテツの巨樹
みうらじんじゃのそてつのきょじゅ

鳥居に寄り添う巨大なソテツ

　長崎県の天然記念物に指定されている大きなソテツ。樹齢は1000年を超えているともいわれ、太い幹をダイナミックに伸ばす姿は、何頭もの龍が絡み合っているかのよう。

🚌 平港から車で約20分　🅿️ あり

 五島列島には先史時代から人が住んでいた形跡がみられる。ただし五島藩として江戸時代まで五島列島を治めた五島氏のルーツは、1187年に火焚崎に上陸した平家盛と伝わる。宇久姓に改名した後、子孫が福江島で築城し、宇久姓から五島姓へと改めた。

博物館　[エリア] 平　[MAP] P.104C2

佐世保市宇久島資料館
させぼしうくじましりょうかん

石器時代の石刃や弥生時代の甕棺は必見

　五島最古級の城ヶ岳平子遺跡で出土した石器や甕棺、民俗品などが並ぶ。黒曜石の細石刃や大陸との交易を示す陶磁器など、考古学的価値の高い資料ばかり。

[交] 平港から徒歩約7分
[住] 佐世保市宇久町平2386　[電] (0959)57-3311　[時] 9:00～17:00　[休] 月～金曜(祝日を除く)　[料] 無料　[駐車場] あり

寺院　[エリア] 平　[MAP] P.104C2

東光寺
とうこうじ

宇久家7代を祀る菩提寺

　平家盛(後の宇久家盛)が建立したとされる寺院。本堂の裏手には、福江島に渡る8代の宇久覚(さとる)より前までの、家盛を含む宇久家7代の霊廟が。赤い山門が鮮やか。

[交] 平港から徒歩約7分　[住] 佐世保市宇久町平2397　[駐車場] なし

神社　[エリア] 本飯良　[MAP] P.104A2

厄神社
やくじんじゃ

巨岩に目がテンのパワースポット

　鎌倉時代に島で流行した病を鎮めるために築かれた神社。その後は疾病平癒や漁業の神として信仰され、他の島々からも参拝客が訪れた。社屋の裏で垂直に立つ巨石が神々しい。

[交] 平港から車で約25分　[住] 佐世保市宇久町本飯良3057
[駐車場] あり

祠　[エリア] 平　[MAP] P.104C2

堀川恵比寿宮
ほりこえびすぐう

カラフルでチャーミングな恵比寿さま

　クジラの山見が行われていた集落に小さな祠があり、捕鯨の無事を願うためのペアの恵比寿像が納められている。地元ではモッタ様と古志岐様と呼ばれ親しまれ、大漁祈願祭が行われる。

[交] 平港から車で約5分　[駐車場] なし

定食　[エリア] 平　[MAP] P.104C3

かっちゃん
かっちゃん

五島名物のクジラを気軽に味わう

　クジラの身と皮を弱火でじっくり煮込み、ルーにうま味を凝縮させたクジラカレー870円が名物。肉に臭みはなくコリコリとした歯ざわりがクセになる。クジラカツを乗せると1150円。

[交] 平港から徒歩約5分　[住] 佐世保市宇久町平268-1　[電] (0959)43-4150　[時] 11:30～14:00、17:30～21:00　[休] 日曜　[駐車場] あり

居酒屋　[エリア] 平　[MAP] P.104C2

おおきに
おおきに

大阪発の下町メニューにお酒がすすむ

　神島神社の前ではためく大きなのれんが目印。大阪出身の母娘が、串揚げ100円～やお好み焼き700円～をはじめ、居酒屋料理を食べさせてくれる。

[交] 平港から徒歩約5分
[住] 佐世保市宇久町平2558-1　[電] (0959)57-2230　[時] 17:00～24:00
[休] 月曜　[カード] 可　[駐車場] あり　[URL] izakaya-ookini.com

居酒屋　[エリア] 平　[MAP] P.104C2

レストハウスもりた
れすとはうすもりた

夜の海を眺めながら気軽に乾杯

　スゲ浜海水浴場のレストハウス内にあるカジュアルな雰囲気の居酒屋。和食から中華までメニューが充実し、どれもボリューム満点。食事の利用もできる。

[交] 平港から車で約10分
[住] 佐世保市宇久町平3687-1　[電] (0959)57-2658　[時] 18:00～23:00(L.O.22:30)　[休] 火曜　[予約] 昼は必要　[駐車場] あり

カラオケハウス　[エリア] 平　[MAP] P.104C2

カラオケハウス エトワール
からおけはうすえとわーる

美人ママさんの笑顔に癒やされる

　宇久で生まれ育った気さくなママさんの店。昼はカフェ、夜はカラオケ歌い放題と飲み放題で1時間1500円。おつまみもオーダーできる。常連客には若者も多く、島の話を聞けるかも。

[交] 平港から徒歩約5分　[住] 佐世保市宇久町平2582-1　[電] 090-5285-7584　[時] 10:00～16:00、19:00～24:00　[休] 不定休　[駐車場] あり

---

voice　近海にクジラが回遊し、江戸時代から捕鯨の基地として栄えた宇久島。現在でも調査捕鯨の副産物として鯨肉が共有され、宿や飲食店で宇久島の名物料理として提供されている。平港には実際に使用された捕鯨砲が鎮座。

海産物　エリア 平　MAP P.104C2
黒潮鮮魚
くろしおせんぎょ

兄弟船で水揚げする宇久産鮮魚

　宇久島で生まれ育った兄弟で経営する鮮魚店。毎朝の漁で取った魚や貝、海藻を店でさばき、棚に並べる。ゴマイカの塩辛400円など加工品も多く、おみやげが充実。全国発送もOK。

🚢 平港から徒歩約5分　🏠 佐世保市宇久町平2607
☎ (0959)57-3590　🕐 8:00〜18:30　休 日曜　駐車場 なし

海産物　エリア 平　MAP P.104C2
前田鮮魚店
まえだせんぎょてん

上五島の名産がズラリと並ぶ

　宇久島で水揚げされた海産物やその加工品を中心に、かんころもちや五島うどんなどの特産品が揃う。かつおの生ぶし1000円は、そのまま食べてもシーチキン代わりに使っても絶品。

🚢 平港から徒歩約5分　🏠 佐世保市宇久町平2552
☎ (0959)57-2121　🕐 8:00〜19:00　休 日曜　駐車場 なし

おみやげ　エリア 平　MAP P.104C3
宇久町観光協会売店
うくまちかんこうきょうかいばいてん

乗船前の買い足しはここで

　宇久町観光協会の窓口に併設された売店。平港のターミナル内にあるので、島に渡った際には情報収集がてら立ち寄り、おみやげをチェックしておくと便利。釣り竿のレンタルも。

🚢 平港ターミナル内　🏠 佐世保市宇久平平2524-23
☎ (0959)57-3935　🕐 8:30〜17:30　休 なし　駐車場 あり

特産品　エリア 平　MAP P.104C2
浜方ふれあい館
はまかたふれあいかん

漁業と捕鯨の資料を展示

　貝を加工したキーホルダーやランプシェード、クジラ肉の缶詰などを販売。島の漁業や捕鯨の歴史を学べ、素潜り漁を行う海士の漁具や写真は必見。

🚢 平港から車で約5分　🏠 佐世保市宇久町平3281-79　☎ (0959)57-3935　🕐 9:00〜17:00
休 月〜金曜(祝日を除く)　料 200円、中学生以下100円　駐車場 あり

旅館　エリア 平　MAP P.104C2
井原旅館
いはらりょかん

和室でゆったりくつろげる老舗

　平の商店街にあるため、徒歩圏内に飲食店が点在する便利な宿。部屋は畳敷きの和室とベッド付きの洋室タイプ。夕食には島の魚のほか、クジラ料理も提供される。

🚢 平港から徒歩5分　🏠 佐世保市宇久町平2605-8
☎ (0959)57-3171　料 素4950円〜、朝5500円〜、朝夕7700円〜　客室数 8室　駐車場 あり

旅館　エリア 平　MAP P.104C2
藤屋旅館
ふじやりょかん

クジラ料理が自慢の宿

　島出身の家族が経営するアットホームな宿。夕食にはクジラや旬魚の刺身ほか、フライや煮物が並ぶ。海沿いに立っているので、オーシャンビューの部屋もリクエストできる。

🚢 平港から徒歩約5分　🏠 佐世保市宇久町平3031-11
☎ (0959)57-2018　料 素4860円〜、朝5400円〜、朝夕7020円〜　客室数 10室　駐車場 あり

民泊　エリア 平　MAP P.104C3
宇久島グリーン・ツーリズム振興会
うくじまぐりーん・つーりずむしんこうかい

気さくで明るい島の家族がおもてなし

　宇久島には約20軒の民泊施設が点在し、釣りや和牛飼育、郷土料理作りなどを体験しながら宿泊できる。家族やグループで島の生活にどっぷりと浸ってみよう。

上／防波堤釣りは通年可能
左下／宿泊先のひとつ、Cow Cowハウス
右下／釣った魚は宿に戻ってさばいて食べる

🚢 平港ターミナル内　🏠 佐世保市宇久町平2524-23
☎ (0959)57-3935(宇久島観光協会)　料 朝夕8500円〜(小学生7000円〜)　URL www.ukujima.com/homestay.html

 宇久島の漁師は海士(あまんし)と呼ばれる海の侍。島のアワビ漁師が平家盛の上陸を助けたことで、この称号と五島全域での永久的なアワビの採取権を得た。近年まで素潜りで30m以上の水深で漁を行っていた。

五島 島人インタビュー 3
Islanders' Interview

小値賀島のよさを感じてもらうには
自然・文化・人のあたたかさを
体験してもらうのがいちばん

おぢかアイランドツーリズム 前田 敏幸（まえだ としゆき）さん

左／前田さんは、全国から注目される小値賀島の観光サービスの仕掛け人のひとり　右／上質な居住空間として生まれ変わった古民家

民泊や古民家ステイで
ゲストの満足度を高める

　五島列島の北部に浮かぶ小値賀島は、人口2600人余りの小さな島。レジャー施設もコンビニもない静かな島に、年間2万人以上の観光客が訪れる。

　「小値賀島のセールスポイントは、豊かな自然と、島ならではの文化、そして人のあたたかさ。それらを満喫し知ってもらえるのが、民泊と古民家ステイ。島で暮らすように過ごす滞在スタイルです」と話すのは、おぢかアイランドツーリズムの理事長を務める前田敏幸さん。島のPRと活性化に尽力するひとりだ。

　「高校を卒業してから10年以上も

農家や漁師の家に滞在し、島の暮らしを体験できるのが民泊の魅力。家族のように食卓を囲む

島を離れていました。あるとき、同窓会で旧友たちと話しているうちに島のよさを再確認。観光に携わりながら地元を活性化したいと考えるようになり、1年後にUターンを決めたんです」と前田さん。野崎島での子供キャンプや、民泊の体験プログラムにスタッフとして参加しながら、島がもつコンテンツを整理し、どのようなプロデュースが有効かを模索する。

　「たくさんの人に魅力を知ってもらうためには、島の満足度を高めることがいちばん。ホームページを見やすくする、来ていただいた方をていねいにおもてなしするなど、一つひとつのチャンスに的確にアプローチをする必要があります。なかでも最も効果的な方法が、お客さまとのコミュニケーションの場が築ける民泊や古民家ステイだったんです」

年間5万人来島を目指し
新たなステージへ

　小値賀島での民泊や古民家ステイはクチコミサイトやSNSで話題を

呼び、繁忙期は予約が取れないほどの盛況ぶりだ。

　「皆さんが島のよさを広めてくれた結果、旅行者も増えました。移住を決める若者は珍しくなく、新たな産業も生まれています」と笑顔に。町を歩くと、オープン間もないカフェや、完成間際のゲストハウス、新発売の島みやげなど、今後の発展の芽となりそうな要素をあちこちで見つけることができる。しかし、課題もあると前田さんは言う。

　「民泊は受け入れる家庭の高齢化が否めませんし、古民家は定期的な修繕が必要です。これからは、そういったメンテナンスを行いながら、新たなサービスを生み出さなければなりません。目標は年間の来島者5万人突破。歴史ツアーや女子旅フォローなど、いろいろ構想しています」と目を輝かせる。

※古民家ステイ→ P.86、民泊→ P.89 へ

よく知ると、もっと五島が好きになる

五島列島の深め方
More about Goto

複雑な歴史のなかで育まれた五島のカルチャーは、

島の魅力を語るのに欠かせないキーワードのひとつ。

文化を知ると、旅がぐっと楽しくなってくる。

九州の北西部に連なる翠色の島々

五島列島の地理と産業

80km 以上にわたって約 150 の島が連なる

長崎港から西へ約100km、朝鮮半島まで約250kmの東シナ海に連なる五島列島。島の総数は約150で、18の有人島と100以上の無人島で形成される。また北端の宇久島から福江島までの距離は約80km、最南端の男女群島まで含めると、約150kmの洋上に分布している。

五島の名称は平安時代に始まり、江戸時代には主要な島である福江島、奈留島、若松島、中通島、宇久島を指した。現在は、男女群島を含める福江島周辺の島々から奈留島までが長崎県五島市、若松島を含める中通島周辺の島々が長崎県南松浦郡新上五島町、小値賀島と周辺の島々が長崎県北松浦郡小値賀町、宇久島と周辺の島々が長崎県佐世保市と、4つの行政区に分かれている。

数十万年前の火山活動でできた島々

今から1200～2300万年前までは、大陸と地続きだった日本。日本海は湖のようになっていて、五島列島はその湖底にあった。その後、60～90万年前頃から火山活動が始まり、およそ数十万年前に隆起。現在のような姿になったといわれている。

火山が分布しているのは、小値賀島を中心とする小値賀火山群と、福江島の福江、富江、三井楽、岐宿地域に分布する福江火山群。福江島では、溶岩質の岩場が広がる海岸が多く、なかでも島南東部の鐙瀬溶岩海岸が特徴的。鬼岳から流れ出た溶岩が冷え固まった海岸が7kmほど続き、変化に富んだ地形を形成。周囲に自生するワシントニアヤシやフェニックスによって、エキゾチックな雰囲気に包まれている。

五島の中心となるのは福江島と中通島

五島列島は大きく、下五島と上五島に区別することができる。下五島と呼ばれるのは、奈留島から南の五島市で、上五島は若松島より北の新上五島町に、小値賀島と宇久島を含めたエリア。

なかでも見どころが多く観光にも便利なのが、下五島の福江島と上五島の中通島。どちらもメインとなる港の周辺には、宿泊施設や飲食店が建ち並び、島内観光はもちろん、周辺離島への移動の基点として便利。初めて旅行する場合は、福江島であれば福江港周辺、中通島であれば有川港か青方港周辺を滞在先とするのがおすすめ。航路を上手に利用すれば、長崎港から福江島に入って五島列島を縦断し、佐世保港に帰着なんていう旅も計画できる。

青い海に浮かぶ緑が豊かな島々。自然と人々が共存している

溶岩質の黒くゴツゴツした岩場が続く鐙瀬熔岩海岸。背後には鬼岳がそびえる

五島へのアクセスは航路がメイン。フェリーや高速船でほかの島へ移動できる

五島列島を支える産業

農業
温暖な気候で野菜や米を栽培

温暖な気候から、中玉トマトやブロッコリーなどの野菜のほか、メロンやマンゴーといった果物も栽培されている。久賀島では棚田での稲作も行われている。

市街地から離れると田畑が広がる癒しの風景が

漁業
全国トップクラスの海の幸

対馬海流の恩恵を受け、四季折々の海産物を楽しめる五島。アジ、サバ、ブリ、イカ、カツオの漁獲量が多く、最近では、クロマグロの養殖に力を入れている。

マダイ、フグ、ブリ、車エビなどの養殖が盛ん

畜産業
高級ブランド牛を飼育

日本で最も古い牛のひとつといわれるのが、五島市の五島牛。潮風を浴びた草を食べているため肉質が軟らかく、味と香りが強いといわれる高級牛だ。

五島牛や長崎和牛が、五島列島の各所で飼育されている

酒造業
島の麦や芋で造る焼酎

栄養価の高い芋や麦が生産される五島。福江島の五島列島酒造と、中通島の五島灘酒造では、島の農産物、水、人にこだわった焼酎造りが行われている。

純五島産の芋焼酎や麦焼酎はフルーティな味わい

難しいとされているクロマグロの養殖。黒潮から対馬海流が分かれる五島では、8～9月の曳縄漁でマグロの幼魚を確保でき、潮当たりのいい栄養満点な湾に生け簀を作れるという優位性がある。

長崎港から西へおよそ100kmの洋上に浮かぶ五島列島。
大陸に近く対馬海流の恵みを受ける島々は、豊かな自然と文化をもち、
見る・食べる・遊ぶと三拍子揃った観光地として人気を集めている。

Geography of Goto

真っ青な海を見渡す リアス海岸が美しい

リアス海岸とは、複雑に入り組んだギザギザとした海岸線のこと。川の流れなどで削られた谷が、海水面の上昇などによって海に覆われたもので、スペイン北西部のガリシア地方にこのような地形が広がり、スペイン語で入江を指す「ria」を複数形にした「rias」が語源となった。

五島列島の海岸線も、鋸を何枚も並べたような鋭く深い絶壁が続く。深部まで大きな波が届かないため、古くから天然の漁港として知られていたほか、身を潜めやすい環境により、近世は禁教令から逃れたキリシタンの隠れ家として利用された。

現在は穏やかな入江の海水浴場や、複雑な海岸線と美しい島々を眺める展望台が、島の人々や観光客を楽しませている。

福江島の大瀬崎灯台周辺では、高台から複雑に入り組んだ海岸線を眺めることができる

砕石や加工でにぎわった重要文化的景観
新上五島町崎浦の五島石集落景観

文化的景観とは、地域に根付いた日本らしい風景のこと。新上五島町崎浦（中通島）の友住地区と赤尾地区には、五島石で築かれた集落が残る。

友住地区

古くから漁業が盛んで、江戸時代には捕鯨の町として栄えた崎浦。明治時代になると海岸の砂岩質の石を切り出す石材業が発展し、道や家屋、生活用品などに利用されることになる。友住地区では、明治時代の石畳や石垣が人々の生活に溶け込んでいる。

MAP 折り込み③ D3　交 有川港から車で約20分　駐車場あり

上／何百もの石が積み上げられた石垣。どこか懐かしい雰囲気　右／集落入口には家々の間に五島石の小路が延びる

赤尾地区

赤尾地区でよく見られるのが、下部を石の腰板で覆われた民家。風雨の侵入や外壁の傷みを防ぐのが目的とされ、古い時代のものは床下に「いもがま」と呼ばれる、サツマイモなどを保存する貯蔵庫がある。板石の厚さは5～6cmほどで、高さが2m近くあるものも。

MAP 折り込み③ D3　交 有川港から車で約15分　駐車場あり

上／改築された民家も板石はそのままに残されている　右／集落入口の孕（はらみ）神社。石段や鳥居は五島石で造られた

製造業
健康と美容に椿油を

列島全域にヤブツバキが自生する五島は、古くから椿油の産地として知られ不老長寿の妙薬と重宝された。現在も純度100%の椿油や、石鹸、クリームなどの加工品を製造する。

ツバキの実を搾って作る椿オイル。おみやげに最適

観光業
世界遺産登録を目指す教会群

五島はダイビングやカヤックなどのマリンアクティビティをはじめ、キャンプなどのレジャーも盛ん。現在は、世界遺産に登録された潜伏キリシタン関連遺産が注目を集める。

信徒によって大切に守られてきた教会。静かに巡礼を

国生みの神話に登場する
五島の島々

石器の発掘などから、有史以前から人が住んでいたと考えられる五島。文献として最も古い記述は、712年に編纂された『古事記』。イザナギとイザナミが日本を造る国生み神話の中に、

五島の統治は、1187年に宇久島に上陸した平家盛から始まったとされる

智訶島という名で登場し、五島が古くはチカと呼ばれ、国政の重要な場所であったことが伺える。加えて列島最南端となる無人島の男女群島も、両児島（ふたごのしま）として記されている。

遣唐使からキリシタン、観光業でにぎわう現在まで

五島列島の歴史

旧石器時代	紀元前1万8000年頃	上五島に集落ができる。※城ヶ岳平子遺跡（宇久島）や玉石鼻遺跡（小値賀町斑島）の発掘から
縄文時代	紀元前6000~1000年頃	福江島に集落ができる。※堂崎遺跡や水の窪遺跡（宇久島）の発掘から
弥生時代	紀元前100~300年頃	五島列島各所に集落ができる。※浜郷遺跡（中通島）や桐古里遺跡（若松島）の発掘から
古墳時代	500年後半頃	小値賀島に古墳が築かれる。※水ノ下古墳や神方古墳の発掘から
飛鳥時代	695年	福江島に五社神社が創建される。
	704年	第七次遣唐使の帰朝の際、栗田真人や山上憶良が福江島玉之浦へ漂着。
奈良時代	712年	『古事記』に国生みの島のひとつとして五島列島が記される。
	713年	『肥前風土記』に、景行天皇が従者に五島島内を視察させたとの記述。
	724年頃	『万葉集』に対馬の防人への食料船が福江島三井楽を出発して遭難との記述。
	776年	第14次遣唐使で4隻約500人が中通島青方に寄泊。風が吹かず引き返し翌年に渡唐。
平安時代	804年	第16次遣唐使で4隻が久賀島に寄泊。最澄（38歳）と空海（31歳）らが随行。
	806年	空海が唐からの帰国の際、福江島の大宝寺と明星院に立ち寄ったとされる。
	838年	第17次遣唐使が宇久島に寄港。円仁が随行する。
	964年	『蜻蛉日記』に「死者に逢える島」として、みみらく（三井楽）が紹介される。
	1187年	平家盛が宇久島に上陸。領主になり宇久家盛と改名したと伝わる。
鎌倉時代	1281年	宇久家の5代目である宇久競が元寇の役に出陣。軍功を上げる。
室町時代	1383年	8代目の宇久覚が福江島の鬼宿（岐宿）に移り、辰の口城を築く。
	1388年	9代目の宇久勝が岐宿から福江島の鬼宿（岐宿）に移り、城岳に山城を構える。
	1413年	五島各地の豪族と五箇条の規約が成立し、宇久勝が小値賀島を除く列島の党首に。
	1457年	宇久家と奈留留家が室町幕府から遣明船の警護を命じられる。
	1465年	宇久家ほか四氏の豪族が朝鮮との貿易を許可される。
	1540年	明の王直らが通商を請い来島。17代目の宇久盛定が福江島に唐人町と六角井戸を与える。
	1566年	18代目の宇久純定がキリスト教の宣教師を招く。※以降、五島のキリスト教の歴史は右の囲みで紹介
安土桃山時代	1592年	20代目の宇久純玄が宇久姓を五島姓に改め、五島純玄となる。
	1598年	中通島の有川に鯨組が組織される。
江戸時代	1617年	徳川家から五島領として1万5530石を与えられる。
	1638年	島原の乱に国家老の青方善介ら120人が出陣する。
	1641年	幕府から異国船御番方を命じられ、五島領の7ヵ所に見張り場所を設ける。

古代
大陸との往来の重要地点に

五島は『古事記』に記されるなど、古くから国政の重要地点であったと考えられる。776年の第14次遣唐使からは、博多から出発し福江島周辺や宇久島に寄港して風を待って再出港するコースがとられるようになり、最澄や空海、円仁ほか多くの文化人が立ち寄った。彼らの足跡は島のあちこちで探ることができる。

第14次から最後の第17次まで、4隻500人の大船団が唐を目指した

中世
宇久に流れ着いた平家盛

894年に遣唐使が廃止され、静かな時代を迎える五島。鎌倉時代を目前とした1187年、平家の血を引く平家盛が、壇ノ浦での合戦に破れ、追手を逃れて宇久島に上陸したと伝わる。その後、8代の覚が福江島の城岳に山城を築き、9代の勝が列島の党首として認められるなど、江戸時代に至るまで勢力を保つ。

平清盛の異母弟となる家盛。宇久島に漂着し漁師に助けられたと伝わる

近世
キリシタン推奨から迫害へ

1566年、18代の純定が自ら宣教師を招き入れ、長崎一帯と同様にキリスト教の布教を許可。19代の純尭は洗礼を受け、キリシタン大名としてキリスト教を推進し、信者は2000人を超える。しかし豊臣秀吉の世から弾圧が始まり、姫島、久賀島、頭ヶ島、桐古、水ノ浦、楠原、三井楽では厳しい迫害が行われた。

voice〈 『古事記』に伝わる国生みの神話。イザナギとイザナミの二柱によって、まずは淡路島、四国、隠岐島、九州、壱岐島、対馬、佐渡島、本州が造られ、その後に児島半島、小豆島、周防大島、姫島、五島列島、男女群島が造られた。

古くは大陸との交易の要衝としてにぎわった五島列島。
キリスト教伝来とともに動乱の時代を迎え、現在もその遺構があちこちに。
歴史の流れを知っておけば、五島の旅がより充実したものになる！

History of Goto

五島列島の歴史（年表）

江戸時代

1678年 中通島の魚目で網による捕鯨が始まる。

1692年 高野山の僧侶125人が五島へ流罪となる。1700年に赦免。

1701年 長崎の深堀義士19人が五島に流罪となる。1709年に赦免。

1728年 五島スルメを朝廷に献上。1862年まで続く。

1797年 福江島の野々切で五島領内初の百姓一揆が起こる。

1813年 5月から8月にかけて伊能忠敬の一行が測量のために来島。

1849年 30代目の五島盛成が江戸幕府から石田城（福江城）の築城を許可され着工。

1856年 福江島で荒川温泉が発見される。

1863年 31代目の五島盛徳の時代に石田城（福江城）が完成。

明治時代

1871年 廃藩置県により福江藩から福江県に。その5ヶ月後に長崎県に併合される。

1872年 石田城（福江城）が陸軍省に移管され、建物が解体される。

1879年 福江島に大瀬崎灯台と五島最古の教会となる堂崎教会が建てられる。

1886年 男女群島付近で深海サンゴが発見され採取が始まる。

大正時代

1912年 五島～長崎間と五島～佐世保間に定期航路が開設される。

昭和時代

1954年 福江市が発足。ほかの地区は富江町や有川町など町となる。

1955年 西海国立公園が制定され、列島全域が国立公園となる。

1963年 福江島の高台に福江空港が完成する。

平成時代

2004年 市町村合併により、福江島と周辺が五島市、中通島と周辺が新上五島町となる。

2018年 五島の4集落を含む「長崎と天草地方の潜伏キリシタン関連遺産」が世界遺産に。

現代

世界遺産登録の観光地へ

黒潮と対馬海流の恵みを受ける五島。明治から昭和にかけては、捕鯨やサンゴ漁の基地としてにぎわった2007年には「長崎の教会群とキリスト教関連遺産」として、奈留島や久賀島、頭ヶ島、野崎島の集落が世界遺産の暫定リストに入り、2018年に「長崎と天草地方の潜伏キリシタン関連遺産」として本登録されている。

禁教令の解除は1873年。1879年に五島最古となる堂崎教会が建立される

沖縄に負けないサンゴを楽しめる五島の海。マリンレジャーも盛ん

五島のキリシタン略史

1549年 フランシスコ・ザビエルが鹿児島に上陸し、キリスト教を伝える。

1566年 18代領主の宇久純定が、イエズス会修道士のルイス・デ・アルメイダと、日本人修道士のロレンソを招き、キリスト教の布教を許可。

中央が純定。左の二人が修道士

1567年 宇久純定の子、19代目の純堯が洗礼を受けキリシタン大名となる。

1587年 豊臣秀吉が伴天連追放令を発布し、キリシタン弾圧が始まる。

1597年 長崎で二十六聖人殉教。豊臣秀吉の命によって、五島出身のヨハネ草庵（19歳）を含む26人の信徒が処刑される。
堂崎教会のヨハネの像

1614年 徳川幕府からキリスト教の禁教令が発布され、島内から教徒が追放される。

1628年 幕府が五島各所に札を立ててキリスト教徒の入島を防ぐ。

1667年 長崎奉行所から五島藩へ2枚の「踏絵」が送られる。これで五島の宗門改を行い、キリスト教徒でないことを島民に証明させた。

堂崎教会の踏絵の複製

1797年 長崎の大村藩から五島藩へ潜伏キリシタンを含む108人の農民が移住。その後移民の数は3000人を超えた。

1868年 福江島の水ノ浦と、沖の姫島でキリシタン迫害が始まる。

1868年 牢屋の跡に建つ信仰の碑（殉教記念碑）

久賀島の牢屋の窄に約200人が投獄され、42人が殉教。のちに五島崩れと呼ばれる厳しい弾圧が始まる。

1873年 禁教令が撤廃され、長い弾圧の時代が終わる。

幕末の1863年に完成した石田城は、福江島の中心に位置するため福江城とも呼ばれる。完成までの歳月は14年、およそ2万両の工費と5万人の人夫が投入されたと伝わっている。

伝統行事やイベントに参加しよう！
五島列島の祭り歳時記

1月	2月	3月	4月	5月	6月

福江島・奈留島・嵯峨島・久賀島

戸岐神社例大祭
❖ 1月上旬
❖ 福江島・戸岐町
神輿に続き、天狗や翁の面をつけた氏子が練り歩く。古い様式を正確に守る貴重な祭り。

迫力のある面に、子供たちの歓声や泣き声が響く

ヘトマト
❖ 1月中旬
❖ 福江島・下崎山町 白浜神社
国指定重要無形民俗文化財になっている奇祭。新婚の女性が酒樽に乗って行う羽根つき、大わらじの奉納などで、豊作、大漁、子孫繁栄を祈願。

長さ3mの大わらじをかついで町を練り歩く

五島椿まつり
❖ 2月中旬～3月上旬 ❖ 五島市全域
島内各所に屋台が並び、ショーなどにぎやかなイベントが行われる。

五島市のPRキャラクター。左からごとりん、バラモンちゃん、つばきねこ

五島つばきマラソン
❖ 2月下旬 ❖ 福江島・三井楽町
遣唐使ふるさと館から、マラソンで三井楽を一周する。

富江桜まつり
❖ 3月下旬～4月上旬
❖ 福江島・さんさん富江キャンプ村
多郎島海水浴場周辺の桜林に300個前後の提灯がともり、夜桜を楽しめる。

琴石のこいのぼり
❖ 4月下旬～5月中旬
❖ 福江島・富江町琴石
琴石の集落を中心に、200近い鯉のぼりが舞う。

元気に育ってね

鬼に向かって前進する姿を描いたバラモン凧

五島長崎国際トライアスロン
❖ 6月中旬 ❖ 福江島全域
富江港のスイムに始まり、島内全域を走破するバイクなど、トライアスロン世界選手権の日本代表選考レースも兼ねる。

こども自然公園大会バラモン凧あげ大会
❖ 5月上旬 ❖ 福江島・鬼岳園地
芝生が広がる鬼岳で、バラモン凧作りや凧あげが行われる。

富江半島ブルーライン健康ウォーク大会
❖ 5月上旬
❖ 福江島・さんさん富江キャンプ村
青い海と溶岩海岸を眺めながら往復8kmのサイクリングコースを歩く。郷土芸能の発表も。

中通島・若松島・小値賀島・宇久島

みんかけ
❖ 1月3日 ❖ 中通島・似首郷
水をかけるという意味の、みんかけ。前年に結婚した夫婦の家に、樽に入れた水を笹でかける。

今里の的射り
❖ 1月上旬
❖ 中通島・今里郷
神社での神事のあと、成年が矢を射る。悪疫退散を目的とした儀式。

弁財天（メーザイテン）
❖ 1月中旬
❖ 中通島・有川郷
捕鯨の文化が伝わる有川地区で、鯨を取る際の羽差姿の若者が練り歩き、商売繁盛や家内安全を祈願する。

海童神社などで祈願が行われる

岩家観音大縁日祭
❖ 1月17～18日
❖ 中通島・青方郷
観音岳公園で大縁日祭が行われ、お守り等の販売や、うどん茶屋、ぜんざいなどの出店が。

銭まき
❖ 1月2日 ❖ 中通島・乙宮神社
中通島で100年以上続く伝統行事。参道から厄年や還暦の住民が銭をまき、厄よけや招福祈願を行う。

五島列島椿ロードノルディックウォーキング
❖ 3月上旬 ❖ 中通島・有川郷
椿が咲き誇るコースを、補助のポールを両手に持ちウオーキング。ショートとロングコースがあり運動不足を解消！

幻想的な光のショー

ほたるのふるさと相河川まつり
❖ 5月中旬～6月中旬
❖ 中通島・相河郷
上五島で最もホタルが集まる相河川（あいこがわ）で観賞。初夏の風物詩。

竜神祭
❖ 7月中旬 ❖ 宇久島・神浦港
旧暦6月17日の夜に行われる、300年の歴史をもつ神事。笛や太鼓に合わせて「ヒヨーヒヨーヒヨー」と連呼して港内を歩く。

トライアスロン in 上五島
❖ 6月上旬 ❖ 中通島・奈良尾郷～若松郷
高井旅海岸でのスイムに始まり、奈良尾地区を中心に行われるトライアスロン大会。

「オーオモーオンデーオニヤミヨーデー」と唱える念仏踊り、チャンココ。オーモンデーとも呼ばれ、記録によると800年前には踊られていたとか。腰みの姿から南方より伝わったと思われるが、ルーツは定かではないミステリアスさが魅力。

古くからの文化と豊かな自然が守られる五島列島は、
伝統的な祭りや旬の食材を楽しむ会など、季節を問わずイベントがいっぱい。
あたたかい島の人たちと一緒に、五島の年中行事に参加しよう。

Festival of Goto

| 7月 | 8月 | 9月 | 10月 | 11月 | 12月 |

福江島・奈留島・嵯峨島・久賀島

ぎょうが崎漁火祭
❖ 7月中旬 ❖ 福江島・魚津ヶ崎公園
遣唐使を見送った海を望む魚津ヶ崎公園で、ステージイベントや出店も。

裸足で腰みのを巻き、花笠をかぶって踊る

チャンココ踊り
❖ 8月13～15日 ❖ 福江島全域
腰みの姿に花笠をかぶり、太鼓を抱いて舞い踊る。南方を思わせるエキゾチックな雰囲気が魅力。県指定無形民俗文化財。

オーモンデー
❖ 8月14日 ❖ 嵯峨島
遣唐使時代末期に中国大陸から伝えられたとされる念仏踊り。県指定無形民俗文化財。

ハーフと5kmのコースが用意されている

五島列島夕やけマラソン
❖ 8月下旬 ❖ 福江島・五島港公園
日本で最後に太陽が沈む五島列島で、夕日を浴びながら走る。

玉之浦カケ踊り
❖ 8月14日 ❖ 福江島・玉之浦町
玉之浦の念仏踊り。2班で約100軒を回り西方寺で合流。

大漁旗を掲げ神輿を乗せた漁船が勇壮

巌立神社例大祭
❖ 9月下旬 ❖ 福江島・岐宿町
天狗の面をつけた猿田彦の先導で、岐宿町内を神輿が練り歩く。

福江みなとまつり
❖ 10月上旬 ❖ 福江島・福江商店街
福江島に秋を告げるイベント。市民総踊りや各種露店でにぎわうほか、ねぶたの登場や花火大会も。

メインイベントは、巨大なねぶたの登場

奈留神社例大祭
❖ 10月中旬 ❖ 奈留島全域
神輿を乗せた漁船団が海上パレードをしたあと、若者が神輿を担ぎ町内を練り歩く。

長崎五島ツーデーマーチ
❖ 11月中旬 ❖ 福江島全域
初日は高浜海水浴場周辺、2日目は堂崎教会周辺など、秋の五島を散策する。

とみえ産業市
❖ 12月中旬 ❖ 福江島・富江港緑地公園
海産物や野菜などの地域特産品を、格安で買うことができる。餅まきも楽しい。

大宝郷の砂打ち
❖ 10月下旬～11月上旬 ❖ 福江島・玉之浦町
藁をかぶったサンドーラや、獅子や天狗の面をかぶった氏子が練り歩き、無病息災や豊作、大漁を祈願する。

藁をかぶった砂鬼がサンドーラと呼ばれる

中通島・若松島・小値賀島・宇久島

蛤浜で遊ぼデー
❖ 7月中旬 ❖ 中通島・有川郷
真っ白な砂浜が開放的な蛤浜で、スイカ割りやクイズなど、家族で楽しめるイベントが。

毎年海開きと同時に行われる

十七日祭り
❖ 7月下旬 ❖ 中通島・有川郷
鯨のアゴの骨の鳥居で有名な海童神社で、踊りなどが披露される。

奈良尾夜市と花火大会
❖ 7月下旬 ❖ 中通島・奈良尾郷
奈良尾港でのゲームやショーのあとに、花火大会が行われる。

祇園祭
❖ 7月下旬 ❖ 宇久島・八坂神社
災厄を払うために祇園の神を祀る夏祭り。神輿や露店でにぎわう。

小値賀島夏祭り
❖ 8月15日 ❖ 小値賀島・小値賀港周辺
港に出店が並び、ペーロン大会やコンサート、花火が行われる。

青方念仏踊り
❖ 8月14日 ❖ 中通島・青方郷
白装束に編笠をかぶった踊り手が、南無阿弥陀仏の旗を背負って練り歩く。

全国各地から参加者が集まる

ペーロン大会
❖ 8月中旬 ❖ 中通島全域
ペーロンとは、数人で漕ぐドラゴンボートのこと。夏は各所で競争大会が行われる。

チャーチウィーク in 上五島教会コンサート
❖ 12月中旬 ❖ 中通島全域
クリスマスシーズンの教会で、信徒によるライトアップや、コンサートが行われる。

教会で聴く音楽は優しく心に染み入る

上五島教会めぐりウォーク＆クルーズ
❖ 10月中旬 ❖ 中通島全域
2日間かけて、教会や景勝地など上五島の各所でウオーキングやクルージングをする。

室町時代後期に原型が生まれたとされる

五島神楽
❖ 10月中旬～11月上旬 ❖ 中通島全域
400年以上の歴史をもつ五島神楽。上五島の文化のなかで独自に育まれたもので、2畳分の板張りの上で、全30番の神楽舞が披露される。

---

voice 国の選択無形民俗文化財に指定されている五島神楽。江戸時代中期に現在の型に整ったといわれ、躍動的でメリハリのあるリズムが特徴。福江、岐宿、玉之浦、富江、有川、上五島、宇久と、地域によって少しずつ内容が異なる。

島の手しごと

活版印刷

横山 桃子さん

Momoko Yokoyama

1. 工場の壁面には鉛でできた活字がずらりと並ぶ　2. 60年前に作られたドイツハイデルベルグ社製活版印刷機を導入　3.「活版には色気がある」とは桃子さんの父、弘藏さんの言葉。確かに……　4. 桃子さんの師でもある晋弘舎3代目の弘藏さん

デジタル全盛の時代に、活版印刷を守り続ける晋弘舎。約100年続く島で唯一の印刷工場には、鉛でできた活字がずらりと並ぶ。

「小さな島なので、活版でも十分に間に合ったんです」と言うのは、4代目の横山桃子さん。今でも町営船の乗船券をはじめ、島内の印刷物の多くが活版で印刷されている。

「大好きな小値賀島でデザインの仕事をしたいと考え、行きついたのが実家の仕事を継ぐことでした」と桃子さん。デザインを学んで

いた大学で、活版印刷所を見学したことが大きな契機になったそう。

「私にとって日常の活版を、ゼミのみんながかっこいいと言ったのに驚いたんです」

活版印刷の文化的価値についても知り、よいものとして見るようになったという。

現在は父である弘藏さんの技術を学びながら、全国から発注がある名刺制作を受けもつほか、2018年には自分の工房をオープンし活版体験を行っている。「お客さんの反応がダイレクトに感じられるのがうれしい。今後も活版を通して小値賀を発信していきます」

OJIKAPPAN
MAP P.99B2　交 小値賀港から徒歩約7分　住 北松浦郡小値賀町笛吹郷1738　電 (0959)56-4122(名刺発注)　時 要問い合わせ　休 不定休　料 ポストカード体験2700円〜　予約 体験の予約はおぢかアイランドツーリズムへ→P.134　駐車場 なし　URL ojikappan.com

活版印刷の可能性を信じ
真っすぐに進む若き継承者

Profile＊よこやま ももこ
島で唯一の印刷会社、晋弘舎の4代目。デザイン会社を経て島に戻り活版印刷の道に入る。

 Voice　小値賀島の隣に浮かぶ野崎島の北部には、王位石（おえいし）と呼ばれる全長24mの巨岩が鎮座する。さまざまな伝説に登場する聖なる石は、自然にできたものか人工物かさえ不明。謎に満ちた奇岩は、トレッキングツアーに参加すれば見ることができる。

世代から世代へ、五島列島に連綿と受け継がれてきた伝統の技術。
島には先人が工夫を重ねた技を守り、つなげていこうとする人々がいる。
失われつつある"手しごと"を伝承する、3人の職人に迫った。

Traditional Crafts of Goto

椿油　川口 秀太さん *Shuta Kawaguchi*

上／自生するヤブツバキの種を天日に干し、砕いたもの
下／砕いた種は火を通さず、圧縮機で生搾り。1kgの種から取れる椿油は250mlほど

ヤブツバキが自生する五島列島では、肌や髪のケアはもちろん食用や灯油など、古くから椿油が親しまれてきた。

「五島うどんを延ばすときに椿油が使われたり、教会の内装にツバキの花が描かれたりと、ツバキは五島の人々の生活や文化に根ざしています」とは、川口秀太さん。通常、椿油は種を蒸してから製油するが、火を使わない生搾り製法を開発。栄養分であるオレイン酸をよりフレッシュな状態で抽出し、べたつきや臭みを抑えることに成功した。

「自然のヤブツバキなので、農薬や化学肥料はゼロ。今後は島で揚がったアゴやキビナゴを漬けて、アンチョビ風の食品を開発したいですね」と意欲を見せる。

Profile＊かわぐち しゅうた
株式会社やがため代表。矢堅目の駅で、椿油のほか、奈摩湾の海水を薪で炊き上げた「矢堅目の塩」の製造販売を行っている。

矢堅目の駅→ P.94

左／やがため生搾りつばき油2700円（30ml）
右／椿の花のモチーフが美しい中ノ浦教会

五島に自生する
ヤブツバキから搾り出す
純粋無垢のツバキオイル

きめ細かい作業で
唯一無二の
芸術品を生み出す

サンゴ工芸　出口 慶一郎さん *Keiichiro Deguchi*

明治時代にサンゴ細工で栄えた富江町。立体感が際立つ五島彫りをはじめ、繊細な技法は今に受け継がれている。

「サンゴの色や形はすべて違いますから、どれも一品物なんです」と言うのは、職人歴25年以上の出口慶一郎さん。「サンゴは希少なので、無駄がないように工夫することも重要です」と出口さん。サンゴは熱に弱いため、冷やしながらの地道な作業になるそう。「慎重にやらないとヒビが入ることもあるんです」

伝統の技を守りながら、今の流れに合わせ金細工を使った作品など、新しいデザインの模索にも余念がない。

Profile＊でぐち けいいちろう
サンゴ工芸の職人だった祖父、父の姿を見て育ち同じ道に。デザインものを得意とする。

出口さんご→ P.57

右上／希少なサンゴを無駄にしないように、ていねいに削っていく　右下／使うサンゴの色や質感によってイメージが変わる

豊かな自然とあたたかい島人に囲まれて
五島列島ライフを満喫中！

島に恋して

島で家族が増えました
暮らせる昔ながらの環境。
福江島は子供がのびのびと

五島市観光物産課
尾方 勉さん

上／次女の瑠海ちゃん。家族4人
でゆったり島時間を送っている
下／尾方さんと五島市のPRを行
うイメージキャラクター。左から、
バラモンちゃん、ごとりん、つばき
ねこ

移住者からの視点で
福江島のよさをPR

　海上保安官として、日本全国へ赴任していた尾方さん。30歳の頃に配属された福江島で、大きな決断をする。
　「父親も船関係の仕事で転勤が多く、子供の頃からいろいろな場所に住んできました。福江島は、とにかく人や地域があたたかく迎え入れてくれて、自分のためにも、そして何より妻と長女のためにも、ここを故郷にしたいと強く思うようになりました」と尾方さん。
　その後、五島市役所に転職し、福江島ライフをスタートさせた。

　「最初は方言がわからず苦労しました。でも、皆さん明るい方ばかりなので、笑い飛ばしつつ、ていねいに教えてくれます。こちらに来てから次女も生まれ、周囲の皆さんが、わが子のように接してくれるのがうれしいです」
　すっかり地域の一員として溶け込んでいる尾方さん。現在、勤務する観光物産課では観光事業の振興、観光資源の保存、開発などを担当している。
　「島に来たら観光スポットを回るだけではなく、集落やお店で島の人との会話も楽しんでください。きっと皆さんも"故郷にしたい"と思ってくれるはずです。もちろん、移住も大歓迎ですよ」とほほ笑む。

Profile＊ おがた べん
海上保安官を経て、30歳から福江島へ。五島市観光交流課、農業振興課を経て、現在は観光物産課で働く。五島のPRも行っている。

voice　五島の方言で、尾方さんが悩んだのが「あが」という言葉。英語の「You」と同じで二人称を指すものの「お前」に近いフランクな言い方なので、上司から「あが」と呼ばれても、上司を「あが」と呼んでしまったら大変なことに。

古くから大陸との交易地としてにぎわった五島列島。
そんな風土から島の人はみんな気さくで、誰でも親切に迎え入れてくれる。
五島の魅力にすっかりハマり、移住を決めたおふたりに話を聞きました！

Falling in Love with Goto

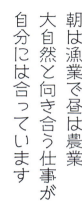

朝は漁業で昼は農業
大自然と向き合う仕事が
自分には合っています

農業・漁業
岡本英稔さん

上／家から港まではすぐ。奥さんの幸代さん、長男の理希くんと笑顔が絶えない田舎暮らしを送っている
下／仕事帰りにいつもの道を家族で歩く

田舎暮らしに憧れて
結婚後にふたりで中通島へ

　大学生時代にアルバイトで知り合ったおふたり。結婚して京都で暮らしていたが、田舎に憧れて五島へ。
　「一度五島に視察に来たときは、もう引っ越しを決めていました。ネットで検索し、すぐに中通島の似首郷に部屋を見つけたんです」と岡本さん。
　仕事探しにハローワークへ通ううち、大家さんの誘いで漁業を始める。
　「移住した最初の年は、トビウオやイカの定置網漁の手伝いを始めました。その後、使わない畑を借り受け、サツマイモやジャガイモ作りに挑戦したんです。それから朝は海へ、昼から畑へ、という生活が続いています」
　自己流で始めた農業だが、島の人たちに支えられ収入を得るまでになる。
　「畑の耕し方や種の播き方など、最初はわからないことだらけでした。でも島の人が助言をしてくれたり、農具を貸してくれたりしたので、コミュニケーションを築きながら、最近なんとか軌道に乗ってきました。今はまだスーパーの直売所で販売させてもらうくらいですが、畑の数を増やし、島外へも出荷できるようにしたいです」
　海だけではなく土地も豊かな五島。岡本さんは定住することを決めている。

Profile ＊おかもと　ひでなり
田舎暮らしに憧れて夫婦で中通島へ移住。現在は子宝にも恵まれ、漁業に農業にと汗を流している。

voice Ｉターンする人が少なくない五島。岡本さんが暮らす新上五島町では「どがん会」という年に1度の交流会があり、移住組を中心に100以上の夫婦や家族が集まるのだとか。若い夫婦や小さい子供も多く、活気にあふれているとのこと。

119

voice 五島市のイメージキャラクターは3体。頭にヤブツバキをのせた「ごとりん」、パラモン凧をモチーフにした「パラモンちゃん」、ゆるキャラらしさ全開の「つばきねこ」。祭りやイベントのときに会えることも!

五島本セレクション

旅行前に読んでおきたい

五島をよく知るためには、さまざまな角度から書かれた本を読むのがいちばん。旅行前に読んでおけば、五島での楽しみが倍増！　帰ってから読んでも新たな発見が。

『五島列島の全教会とグルメ旅』
カトリック長崎大司教区・下口勲神父　監修
長崎文献社　税込 1100 円
ガイド
世界遺産候補を含む、全 51 の教会を紹介。食べ歩きからおみやげ探しまで、おいしくて楽しい五島の魅力を網羅した1冊。

五島ゆかりの有名人も！

『海の国の記憶 五島列島』
杉山正明　著
平凡社　税込 1650 円
歴史
ユーラシア史の専門家が、五島列島とアジアの古代〜近代のあゆみを追う。五島の知られざる歴史に迫った1冊。

『五島崩れ』
森 禮子　著
里文出版　税込 1870 円
物語
五島に移住した潜伏キリシタンの子孫を通して、政府によるキリスト教弾圧と信仰を守り続けた信徒の姿を描いた名作。

芥川賞作家の文学的原点

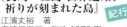

『長崎・五島 世界遺産、祈りが刻まれた島』
江濱丈裕　著
書肆侃侃房　税込 1870 円
紀行文
五島出身の著者が、世界遺産の教会や集落を中心に、島に点在する教会やそれにまつわる歴史、島の雰囲気をレポート。

『ばらかもん』
ヨシノサツキ　著
スクウェア・エニックス　税込 628 円
マンガ
五島列島のある島に住むことになった書道家と、島の住人との交流を描いた、ほっこり和むアイランドコメディ。

五島に住みたくなる！

けがやかに感動〜

『くちびるに歌を』
中田永一　著
小学館　税込 681 円
物語
五島列島の中学合唱部を舞台にした青春小説。音楽コンクールを目指す部員たちが書いた手紙には等身大の秘密が。

『珊 瑚』
新田次郎　著
新潮社　税込 737 円（電子書籍）
物語
サンゴ景気にわく五島列島で、深海サンゴに魅せられ、命がけで海に出る若者たちの愛と夢を描いた海洋ロマン。

神はいるのか!?

『沈 黙』
遠藤周作　著
新潮社　税込 649 円
物語
キリシタン禁制下の日本で、日本人信徒への激しい弾圧に直面したポルトガル人司祭の苦悩に迫った長編小説。

旅の情報源！　お役立ちウェブサイト

▶ **五島の島たび**　goto.nagasaki-tabinet.com
福江島、久賀島、奈留島の観光や祭り、イベント、グルメ情報などを網羅。

▶ **五島市観光協会**　www.gotokanko.jp
観光客向けに五島市の情報を掲載。観光協会主催のツアーも充実している。

▶ **新上五島町観光なび**　shinkamigoto.nagasaki-tabinet.com
新上五島町の観光情報を紹介。モデルコースなど実際に役立つ情報がいっぱい。

▶ **おぢか島旅**　ojikajima.jp
小値賀島について基本情報から過ごし方までを網羅したサイト。写真もきれい。

▶ **宇久島観光協会オフィシャルサイト**　www.ukujima.com
五島列島最北端の島の魅力を紹介。民泊や体験型メニューの紹介も充実している。

五島の美景に癒やされる
映画『くちびるに歌を』
映画
小さな島の中学合唱部を舞台に、臨時教員と部員との交流を描いたベストセラー小説を映画化。教員役には新垣結衣。五島列島の豊かな自然が満載。2015 年 2 月に公開。

© 2015『くちびるに歌を製作委員会』
© 2011 中田永一／小学館

映画『くちびるに歌を』を観て感動し、五島列島に興味をもちました。きれいな海や山、そのなかにたたずむ教会、あの景色のなかに自分も行ってみたいと思います。今年のうちに絶対に行きます！
（千葉県　いくよさん）

五島 島人インタビュー 4
Islanders' Interview

歌の主人公はそのへんの人たち。
島はネタの宝庫ですよ

右／多彩な詩と音で五島の魅力を伝える　下／アルバム『LIFE』（2000円）をはじめ精力的に新曲を発表

五島弁アーティスト　**ベベンコビッチ**さん

五島弁のアクセントは
リズムに乗りやすい！

　五島列島に五島弁で歌うユニークな歌手がいる。その名もベベンコビッチ。国家公務員からアーティストに転身した個性派だ。

　「転勤で20年以上ぶりに五島に戻って、方言が消えつつあるのを感じたんです。それで歌として五島弁を残しておくのもおもしろいんじゃないかと仲間とバンドを結成しました」

　歌ってみると、五島弁はベベンコビッチさんの音楽にぴったりとマッチしたそう。

　「五島弁は強弱のある方言なので、

食堂「おと家」では自らちゃんぽんを作る。夜は生歌が聴けることも

洋楽っぽい曲にはまるんです。舌の絡み方やアクセントなど、方言のほうがしっくりくる。そして歌うほうもそれがモチベーションになって飽きない」とベベンコビッチさん。

　バンド結成の翌年には、ニッポン放送主催「全国ナイスミドル音楽祭」で準グランプリを獲得し、全国的に知られるようになった。

　「島に限定することで、歌作りに困るんじゃないかといわれるんですが逆ですね。歌の主人公はそのへんの人たち。島はネタの宝庫ですよ」

五島を歌うことで
島のよさを実感する

　楽曲は160以上。どの曲も島をテーマにしているが、ロック、パンク、ブルースと何でもあり。

　「人口の少ない島で活動するわけですから、年齢層は限定しません。子供から大人まで目の前の人をいかに楽しませるか。僕は迎合音楽なんて呼んでいますが……それが楽曲作りによい影響を与えています」とベベ

ンコビッチさんは笑う。歌が五島人の地元愛に火をつけるそうだ。

　「たくさんの人から、改めて五島を振り返るきっかけになったといわれるんです。実は僕もそれを意識していて、島を出た人が歌を聴いて頻繁に里帰りをするような状態にできればいいと思っています」

　島について歌うことは、本人にとってもよい効果をもたらしている。

　「故郷をテーマに歌うことで、故郷のよさを感じられる。それがこんなにもうれしく、よいものだとは」とベベンコビッチさん。「自分のルーツを無視したら人生は充実しませんから。歌への共感が、地元への誇りや自信につながればうれしいです」

　現在は小値賀島で1日1組限定のゲストハウスとちゃんぽんメインの食堂も営む。地産地唄アーティストの進化は止まらない！

オヂカノオト→ P.103、**おと家**→ P.101

出発前にチェックしておきたい！

旅の基本情報
Basic Information

！

五島列島の旅に欠かせない基礎知識をご紹介。
島への行き方からシーズンや見どころ、お金の話まで、
知っておくと損をしないトピックスを網羅しました。

旅の基礎知識

旅行の前に知っておきたい！

九州の北西部、長崎港から西に約100kmの海域に連なる五島列島。
島の概要や季節ごとの名産品など、知っておきたい基礎情報を紹介。

PART 1　まずは五島列島について知ろう

美しい海に囲まれ、異国文化の影響を受ける五島列島。その魅力とは？

◇◇ コバルトブルーの海に囲まれた大小150の島々

九州の最西端、長崎港の沖合およそ100kmに浮かぶ五島列島。有人島は18あり、そのうち観光客が一般的に訪れるのは、メインエリアとなる福江島と中通島を中心に、奈留島、若松島、小値賀島、宇久島など。

海洋性気候に属し、冬は温暖、夏は比較的涼しいことが特徴。沖縄や奄美群島のような南の島よりは、真夏でも過ごしやすい。とはいえ、黒潮から分岐したばかりの対馬海流の影響を受けるため、海は青く多様な海洋生物が生息。海中をのぞけば、エダサンゴやテーブルサンゴが群生している。

対馬海流が流れ込む海は透明度抜群

◇◇ 日本らしい文化的景観と異国文化が共存

自然が豊かな五島。湾に囲まれた小さな漁村や、山に抱かれてたたずむ農村など、古きよき日本の姿を伝える風景が各地に点在する。久賀島と小値賀島の豊かな田園風景や、中通島にある北魚目の山間の村、崎浦の五島石で築かれた集落が重要文化的景観と呼ばれる文化財に登録されている。さらに古代は遣唐使、中世からはキリシタンと、異国文化を感じられる史跡も多い。先人たちの歴史や想いを学び、足跡をたどってみよう。

五島列島全体に50以上のカトリック教会が点在。静かに巡礼を

五島石の産出地として栄えた崎浦には、見事な石畳や石垣が残る

◇◇ 風や潮流で電気を作るエコロジーな島

地球温暖化対策として、再生可能エネルギーの導入が期待される昨今、五島では福江島の五島岐宿風力発電研究所で風車を回しているほか、福江島沖で海に浮かぶ浮体式の洋上風力発電、奈留島と久賀島の瀬戸で潮流発電の実験が積極的に行われている。また福江島と中通島では、レンタカー会社に電気自動車が充実している。島内の観光スポットを中心に急速充電器が設置されているので、排出ガスゼロのエコドライブを満喫できる（→P.132）。

上／乗り心地も快適な電気自動車
下／岐宿で行われている風力発電

美しい教会が見どころ！ 世界遺産の集落へ

野崎島の高台にたたずむ旧野首教会の美麗な姿

2018年7月に「長崎と天草地方の潜伏キリシタン関連遺産」が、ユネスコの世界文化遺産に登録された。これは17〜19世紀のキリスト教禁教政策のなかにあって、長崎と天草地方の潜伏キリシタンが信仰を伝承した証拠。その歴史を12の構成資産によって表している。五島列島にある「奈留島の江上集落」「久賀島の集落」「野崎島の集落跡」「頭ヶ島の集落」も構成資産に含まれ、これらの集落やそこに立つ江上天主堂、旧五輪教会堂、旧野首教会、頭ヶ島天主堂は観光資源としても注目を浴びている。その他の美しい教会群とともに、多くの人々が巡礼に訪れている。→P.30

長崎と天草地方の潜伏キリシタン関連遺産ホームページ
URL kirishitan.jp

voice 乾麺でおみやげにも適した五島うどん。製麺所はおもに中通島に集中し、その数は30軒ほど。練ってこなして延ばして干すという製法は同じだが、麺の太さやコシの強さなどそれぞれ独自のこだわりがある。ぜひ食べ比べを！

五島列島旅行ノウハウ Q & A

PART 2

旅行前の準備や現地での過ごし方に欠かせないポイントを紹介！

夏は水温も高くて快適♪

シーズンのノウハウ

Q. マリンレジャーはいつまで？

A. 7月中旬〜8月下旬がベスト

海開きは7月上旬〜中旬で、8月いっぱいまでが海水浴シーズン。カヌーやスノーケリングを楽しめるのも、基本的にはこの時期になる。釣りやダイビングは通年行われている。

Q. ベストシーズンはいつ？

A. いつでもOK 四季折々の魅力に触れて

ハイシーズンは島らしい気候を楽しめる初夏から初秋。だが、春には山桜、秋には紅葉と四季折々の魅力がある。クリスマスの教会や1月に踊られるヘトマトも見どころ。

Q. 服装の注意点は？

A. 夏でも海風で冷えることが！

温暖で過ごしやすい五島列島。しかし海沿いでは、風が肌寒く感じられることもあるので上着を用意しておきたい。降水量は本土と変わらないが、スコールのような雨が降ることも。雨具は必須。

遊び方のノウハウ

Q. 港に着いたらどうする？

A. 観光案内所をチェック

船での移動が基本となる五島。各港のターミナルに観光案内所（→ P.134）が併設されているので、地図やパンフレットを入手しよう。アクティビティやレンタカーの相談も受けてくれる。

福江港のターミナル。観光案内所や飲食店、みやげ物店が並ぶ

Q. 現地ツアーの予約は？

A. 余裕をもって旅行前に

マリンアクティビティやガイドツアーについては、出発前の予約が無難。繁忙期にはすぐに定員に達してしまう場合もあるので注意。グラスボートなど、当日でも可能なものも。

Q. 商店は夜まで開いている？

A. 小さな島では 17:00 頃閉店も

福江島や中通島では、港周辺の市街地に深夜まで営業しているスーパーやコンビニがある。しかし離島の商店は、夕方に閉まってしまうことが多い。出かける前に確認を。

どすこい！佐田の山

お金のノウハウ

Q. 旅費の目安はどれくらい？

A. 九州発 2泊3日で2万円台〜

2021年1月の九州商船のフェリー片道2等、長崎〜福江島が 2750円、佐世保〜中通島が 2710円。宿が 7000円前後なので、1島なら九州からの移動と2泊で2万円台〜。

Q. クレジットカードは使える？

A. 現金払いが主流です

カードが使えるホテルや旅館もあるが、小さな宿泊施設や飲食店では現金で支払うのが一般的。現金を多めに用意しておこう。QRコード決済を利用できる店は増えている。

Q. ATM は充実している？

A. 地方銀行やゆうちょ銀行で

福江島や中通島には、コンビニエンスストアが点在するが ATM の有無は店舗により異なる。銀行や郵便局、JA にも ATM があるので場所と受付時間を確認しておこう。

5月の後半、上五島に行きました。この時期は日差しがやわらかで風も気持ちよく、ゆっくり流れる島時間を楽しむことができるのでおすすめです。桐古里の美しい瀬戸を一望できる桐教会には特に感動しました！ 　　　　　　　　　（東京都 kira さん）

五島うどんは、大鍋でぐらぐらとゆでる地獄炊きが定番

五島牛のステーキも！

🍙 レストランのノウハウ

Q. 食べておきたい料理は？

A. 海鮮と五島うどん！

対馬海流の恩恵を受ける五島は、海の幸が豊富。朝揚がったばかりの魚の刺身は、モチモチのプリプリ。また名物の五島うどんは多くの飲食店で楽しめる。お酒を楽しんだあとのシメにも最適！

1年中新鮮な魚を楽しめる。手前はハコフグの味噌焼き「カットッポ」

Q. 営業時間と予約は？

A. 絶対に行きたいなら予約を

飲食店の営業時間は11:00〜14:00頃と17:00〜22:00頃が一般的。ただし仕入れや客足の状況によっては、早仕舞いする場合もある。席数が少ない人気店は予約が必須。

Q. 食べ物のおいしい時期を教えて

A. 海と山の幸の旬をチェック

四季折々の味を堪能できるが、海産物は秋〜冬、農産物は春〜夏に旬を迎える食材が多い。台風など荒天で海が荒れると漁に出られず、食事処でも刺身がなくなるので注意。

新鮮な魚介類が1年中水揚げされる。手前はキビナゴ。刺身や一夜干しが美味

田畑が多く野菜の種類も豊富。ゴーヤは5〜12月に市場へ

🦋 おみやげのノウハウ

ふりかけにもだしにも！

Q. 定番のおみやげといえば？

A. 五島うどんとアゴだしセット

定番は五島うどん。乾麺で長持ちするので、人に配るにも最適。アゴの粉末スープや液体だれを購入すれば、五島の味を再現できる。椿油や塩、サンゴ細工も人気。

機械に頼らず、昔ながらの製法で手延べされる五島うどん

Q. 大型みやげ物店はある？

A. 各港のターミナルがおすすめ

おみやげを買うには、各島の港にあるターミナルショップがおすすめ。島内にはみやげ物店が意外に少ないので、島に着いたらまずチェックし、帰りの船を待つときに購入を。

Q. まとめ買いもできる？

A. 宅配便やネットショップで

五島うどんやだし、椿油などは、ネットショップを出店している製造元もある。パンフレットをもらっておき、帰宅後に吟味するのも一案。冷凍の海鮮や重いものは宅配便を利用して。

🐟 ネットワークのノウハウ

Q. 携帯電話は通じる？

A. 市街地ではだいたいOK

福江島や中通島の市街地では、どの会社の機種も問題なく利用できる。ただし郊外や離島では通じにくい場合も。気になる人は観光案内所や宿泊施設に確認しておくとよい。

Q. インターネットは使える？

A. Wi-Fiはかなり普及している

Wi-Fi対応の宿泊施設や飲食店は増えており、スピードも速い。詳しくはHPなどでチェックを。福江島では福江港、中通島では有川港や奈良尾港でWi-Fiを利用できる。

福江島も中通島も、市街地を離れると携帯電話が通じにくくなる場合があるので注意しよう。宿のWi-Fi環境については予約前に確認を

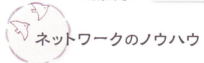

気になる！　食の旬が知りたい

五島列島の海の幸＆山の幸について、収穫時期や旬を紹介！

凡例：🍚 おいしく食べられる旬　🐟 漁獲のある月　🌿 収穫のある月

食材	1	2	3	4	5	6	7	8	9	10	11	12
海産物												
クエ	🍚	🍚	🍚						🐟	🐟	🍚	🍚
伊勢エビ					🍚	🍚		🍚				
マアジ	🐟	🐟	🐟	🐟	🍚			🐟	🐟	🐟	🐟	🐟
タチウオ						🍚	🍚	🍚	🍚			
アオリイカ	🐟	🐟	🐟	🐟						🍚	🍚	
メダイ						🍚	🍚	🍚	🍚			
ブリ	🍚	🍚										🍚
キビナゴ	🍚	🍚	🍚	🍚	🍚	🐟	🐟			🐟	🐟🍚	
イサキ						🍚	🍚	🍚				
マダイ	🍚	🍚	🍚	🍚	🍚						🍚	🍚
スルメイカ	🍚											🍚
サザエ						🍚	🍚	🍚	🍚			
マダコ						🍚	🍚	🍚	🍚			
ヒラマサ						🍚	🍚	🍚	🍚			
イシダイ					🍚	🍚	🍚					
トビウオ						🍚	🍚	🍚				
カマス									🍚	🍚	🍚	
サバ	🍚	🍚									🍚	🍚
ヒラメ	🍚	🍚									🍚	🍚
カワハギ								🍚	🍚			
サワラ	🍚	🍚										
農産物												
ばれいしょ				🍚	🍚							
五島ルビー（トマト）	🍚	🍚		🌿	🌿						🍚	🍚
ブロッコリー	🍚	🍚										🍚
スナップエンドウ	🌿	🌿	🍚	🌿	🌿					🌿	🌿	
アスパラ				🍚	🍚	🌿	🍚	🍚	🌿			
ソラマメ				🍚	🍚							
インゲン						🍚					🍚	
カボチャ						🍚	🍚					
かんしょ										🍚		
キュウリ	🍚	🍚	🍚							🍚	🍚	🍚
ビワ			🍚	🍚								
高菜	🌿	🌿	🍚									🌿
レタス	🍚	🍚	🍚									
ゴーヤ					🌿	🌿	🍚	🍚	🌿	🌿		
イチゴ	🍚	🍚	🍚	🍚							🌿	🌿
マンゴー							🍚	🍚				
メロン						🍚						
大根	🍚	🍚										🍚

※出典 五島市ブランド図鑑／五島市商工振興課

ゴールデンウイークの福江島で、旬になったばかりの甘鯛を塩焼きでいただき、そのシンプルな味わいに感激！ 五島牛の串焼きも「口のなかでとろけるってこのことか！」とはっとするおいしさでした。
（神奈川県　リリーさん）

目的地に合わせて空路&海路で♪

五島列島へのアクセス

五島列島へは、長崎・佐世保・福岡の3都市を起点に飛行機か船でアクセス。
島々を海路が結んでいるので、高速船やフェリーでアイランドホッピングも可能！

博多港
✈福岡空港
宇久島
平港 ③
小値賀港
小値賀島
④
佐世保港
⑤
有川港
青方港 鯛ノ浦港
若松島
奈留島 若松港 中通島
⑥
久賀島 奈留港 奈良尾港
田ノ浦港
奥浦港 ⑦
⑧
福江港
福江島 ✈福江空港
⑧
長崎空港✈
長崎港
②

※地図内の番号は各路線の詳細紹介の番号に対応しています。

✈ 福岡空港・長崎空港から飛行機でアクセス

五島列島の空の玄関口となるのは福江空港。全国の主要都市から、長崎空港か福岡空港を経由してアクセス。福江空港から福江市街までは、五島バスで10分程度。料金300円。

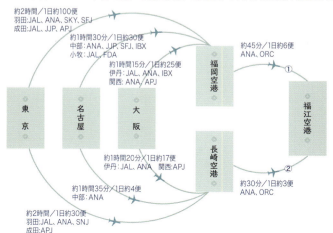

約2時間/1日約100便
羽田：JAL、ANA、SKY、SFJ
成田：JAL、JJP、APJ

約1時間30分/1日約30便
中部：ANA、JJP、SFJ、IBX
小牧：JAL、FDA

約45分/1日約6便
ANA、ORC

約1時間15分/1日約25便
伊丹：JAL、ANA、IBX
関西：ANA、APJ

福岡空港
①

東京 名古屋 大阪 福江空港

長崎空港

約1時間20分/1日約17便
伊丹：JAL、ANA 関西：APJ

約30分/1日約3便
ANA、ORC
②

約1時間35分/1日約4便
中部：ANA

約2時間/1日約30便
羽田：JAL、ANA、SNJ
成田：APJ

福江空港ターミナル
☎ (0959) 72-5151
URL www.fukuekuko.jp

全日空
☎ 0570-029-222
URL www.ana.co.jp

オリエンタルエアブリッジ
☎ 0570-064-380
URL www.orc-air.co.jp

福江島の空港は福江空港のほか五島福江空港とも呼ばれる。五島つばき空港という愛称もある。

※スリーレターコード早見表
ANA…全日空、APJ…ピーチ・アヴィエーション、IBX…IBEX エアラインズ、JAL…日本航空、JJP…ジェットスター・ジャパン、ORC…オリエンタルエアブリッジ、SFJ…スターフライヤー、SKY…スカイマーク・エアラインズ、SNJ…ソラシド エア、FDA…フジドリームエアラインズ

voice 交通費を抑えるなら、深夜移動の高速バスで。博多駅まで片道が、池袋や新宿から14～15時間で1万3000円前後、大阪から9～10時間程度で4000円前後、名古屋から11時間程度で9000円前後が目安。博多駅から博多港まではP.129へ。

博多港・佐世保港・長崎港から船でアクセス

五島へは船でアクセスするのが一般的。博多・佐世保・長崎の3港から、
フェリーや高速船が就航している。九州までの移動や目的地に合わせて港を選ぼう。

博多港から

③
平港		小値賀港		青方港		奈留港		福江港
4時間10分	35分		50分		1時間20分		40分	

■カーフェリー：フェリー太古（野母商船）
1日1便（博多発23:45の深夜便）
車両5m未満/3万4130円（博多〜福江港）

©野母商船

博多				
3840円	平			
4000円	480円	小値賀		
4370円	1230円	960円	青方	
4750円	2520円	2080円	1240円	奈留
4930円	2890円	2600円	1660円	650円 福江

博多港からは、大型カーフェリー太古が発着。宇久島、小値賀島、
中通島、奈留島、福江島を縦断する。乗船窓口はベイサイドプレ
イス博多から北西へ徒歩すぐの博多ふ頭第2ターミナルにある。

博多港 住 福岡県福岡市博多区築港本町13 交 JR博多駅か
ら：バスで博多ふ頭まで約20分＋徒歩約2分。またはタクシー
で約15分。福岡空港から：タクシーで約20分。または JR 博
多駅まで地下鉄で約5分。高速道路から：九州自動車道福岡 IC
から約20分。駐車場 30分100円〜

運航会社問い合せ先

九州商船 ☎(095)822-9153 URL www.kyusho.co.jp
五島産業汽船 ☎(0959)42-3939 URL www.goto-sangyo.co.jp
野母商船 ☎0570-01-0510 URL www.nomo.co.jp/taiko

予約は？ 乗船は？ 🚢 五島航路のトリセツ

▶ **チケットは予約を**
乗船予約はインターネット
や電話でできる。運航会社に
よって異なるが、乗船日の1
〜2ヵ月前から発売される。
詳細は問い合わせを。

▶ **旅行日のダイヤをチェック**
運航スケジュールはシーズ
ンにより異なるので、ホーム
ページで確認を。船の点検の
ためのドック入りで便数が大
幅に少なくなることもある。

▶ **乗船受付は
30分前までに！**
ネットや電話からの予約番
号をもとに、出航30分前ま

でに窓口で乗船手続きを行う
のが基本。その後、乗船開始
の案内に従って船へ。

▶ **大きな荷物はどうする？**
高速船もフェリーもキャス
ターバッグ程度なら持ち込め
る。ただしサイズや重さに制
限があるので、大きな荷物に
ついては問い合わせを。

▶ **悪天候時は
運休になることも**
台風による強風や高波など
の影響で、船が欠航すること
もある。旅行日の気象情報に
気を配り、場合によってはス
ケジュールを変更しよう。

佐世保港から

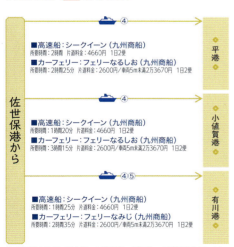

④
■高速船：シークイーン（九州商船）
所要時間：2時間 片道料金：4660円 1日2便
■カーフェリー：フェリーなるしお（九州商船）
所要時間：2時間25分 片道料金：2600円/車両5m未満2万3670円 1日2便
→ 平港

④
■高速船：シークイーン（九州商船）
所要時間：1時間20分 片道料金：4660円 1日2便
■カーフェリー：フェリーなるしお（九州商船）
所要時間：3時間15分 片道料金：2600円/車両5m未満2万3670円 1日2便
→ 小値賀港

④⑤
■高速船：シークイーン（九州商船）
所要時間：1時間25分 片道料金：4660円 1日2便
■カーフェリー：フェリーなみじ（九州商船）
所要時間：2時間35分 片道料金：2600円/車両5m未満2万3670円 1日2便
→ 有川港

佐世保港からは、宇久島、小値賀島、中通島への高速船とフェリー
が運航している。乗船窓口は新港交差点から新みなとターミナル
を抜けた場所に位置する鯨瀬ターミナルにある。

佐世保港 住 長崎県佐世保市新港町8-23 交 JR佐世保駅か
ら：徒歩約7分。長崎空港から：リムジンバスで佐世保駅前ま
で約1時間25分。またはジャンボタクシーで約1時間。高速道
路から：西九州自動車道佐世保みなと IC から約7分。
駐車場 30分100円〜（新みなとターミナル）

長崎港から

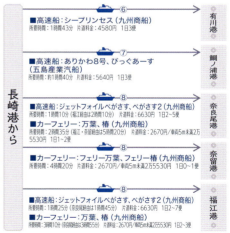

⑥
■高速船：シープリンセス（九州商船）
所要時間：1時間43分 片道料金：4580円 1日3便
→ 有川港

⑦
■高速船：ありかわ8号、びっぐあーす
（五島産業汽船）
所要時間：約1時間40分 片道料金：5640円 1日3便
→ 鯛ノ浦港

⑧
■高速船：ジェットフォイルぺがさす、ぺがさす2（九州商船）
所要時間：1時間10分（福江経由は2時間10分）片道料金：6630円 1日2〜5便
■カーフェリー：万葉、椿（九州商船）
所要時間：2時間35分（福江・奈留経由は5時間20分）片道料金：2670円/車両5m未満2万
5530円 1日1〜2便
→ 奈良尾港

⑧
■カーフェリー：フェリー万葉、フェリー椿（九州商船）
所要時間：4時間20分 片道料金：2670円/車両5m未満2万5530円 1日0〜1便
→ 奈留港

⑧
■高速船：ジェットフォイルぺがさす、ぺがさす2（九州商船）
所要時間：1時間25分（奈良尾経由は1時間45分）片道料金：6630円 1日2〜7便
■カーフェリー：万葉、椿（九州商船）
所要時間：3時間10分（奈良尾経由5時間35分）片道料金：2670円/車両5m未満2万5530円 1日2〜3便
→ 福江港

長崎港からは、中通島の3つの港と奈留島、福江島にアクセスが
できる。乗船窓口は大波止交差点からショッピングセンターゆめ
タウン夢彩都を抜けた裏手に位置する長崎港ターミナルにある。

長崎港 住 長崎県長崎市元船町17-3 交 JR長崎駅から：路面
電車の長崎駅前駅から大波止駅まで約3分＋徒歩約5分。または
タクシーで約5分。長崎空港から：リムジンバスで大波止まで約
40分＋徒歩約5分。高速道路から：長崎自動車道長崎 IC から約
20分。駐車場 30分120円〜

VOICE 自家用車を運べるカーフェリー。車を利用しなくても乗船でき、ざこ寝スペースやスナックでゆったり過ごせるのが長所。高
速船は椅子席が基本で、ジェットフォイルは短時間で移動ができ揺れが少ないため、船酔いしやすい人にもおすすめ。

129

五島列島の島から島へ船でアクセス

五島列島内の島から島への移動は海路が基本。ここに挙げたほかにも、予約制の海上タクシーや渡し船が運航している島もある（→ P.131、132）。詳細は観光案内所で確認を。

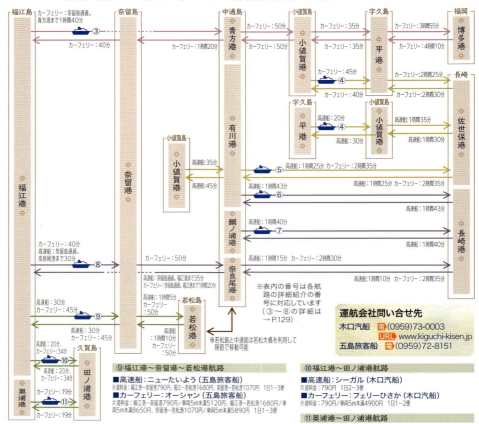

※表内の番号は各航路の詳細紹介の番号に対応しています（③～⑧の詳細は→ P.129）。

※若松島と中通島は若松大橋を利用して陸路で移動可能

運航会社問い合せ先
木口汽船 ☎(0959)73-0003
URL www.kiguchi-kisen.jp
五島旅客船 ☎(0959)72-8151

⑨福江港～奈留港～若松港航路
■高速船：ニューたいよう（五島旅客船）
片道料金：福江港～奈留港790円、福江～若松港1680円、奈留港～若松港1070円　1日1～3便
■カーフェリー：オーシャン（五島旅客船）
片道料金：福江港～奈留港790円/車両5m未満5120円、福江港～若松港1680円/車両5m未満8650円、奈留～若松港1070円/車両5m未満5890円　1日1～3便

⑩福江港～田ノ浦港航路
■高速船：シーガル（木口汽船）
片道料金：790円　1日2～3便
■カーフェリー：フェリーひさか（木口汽船）
片道料金：790円/車両5m未満4900円　1日1～2便

⑪奥浦港～田ノ浦港航路
■カーフェリー：フェリーひさか（木口汽船）
片道料金：500円/車両5m未満4740円　1日1～2便

おすすめモデルプラン

◆福江島滞在高速船プラン

1日目（長崎→福江島）		2日目（福江島→久賀島→福江島）					3日目（福江島→奈留島→福江島→長崎）						
11:30発	⑧高速船：べがさす、べがさす2	12:55着	12:05発	⑩高速船：シーガル	12:25着	17:10発	⑩高速船：シーガル	17:30着	9:45発	⑨高速船：ニューたいよう	10:15着	14:20発	⑨高速船：ニューたいよう	14:50着	16:30発	⑧高速船：べがさす、べがさす2	18:15着
長崎港		福江港			田ノ浦港			福江港			奈留港			福江港			長崎港

◆上五島満喫高速船プラン

1日目（佐世保→小値賀島）		2日目（中通島→小値賀島→宇久島）					3日目（宇久島→佐世保）		
8:40発	⑤高速船：シークイーン	10:05着	10:15発	④高速船：シークイーン	10:50着	17:25発	④高速船：シークイーン	17:45着	14:10発	④高速船：シークイーン	15:35着
佐世保港		有川港			小値賀港			平港			佐世保港

◆五島列島縦断カーフェリープラン

1日目（長崎→福江島）		2日目（福江島→奈留島→若松島）					3日目（中通島→小値賀島）				4日目（小値賀島→宇久島→博多）				
8:05発	③カーフェリー：万葉・椿	11:15着	8:05発	⑨カーフェリー：オーシャン	8:50着	13:50発	⑨カーフェリー：オーシャン	14:40着	12:10発	⑥カーフェリー：フェリー太古	13:00着	6:50発	④カーフェリー：フェリーなるしお	7:30着	13:55発	⑥カーフェリー：フェリー太古	17:50着
長崎港		福江港			奈留港			若松港	青方港		小値賀港			平港			博多港

※2021年1月現在の運航表を基にしたモデルプランです。ダイヤは季節や年度によって変更される場合があります。最新の情報を確認してください。

voice 高速船やカーフェリーの運航会社の多くが、旅客運賃や車両航送運賃について往復割引を行っている。同じルートを行き来する際は上手に利用しよう。レンタカーや宿泊施設の料金が割引されるパックツアーもチェック。

五島列島の島内移動術

車かバスで
目指すスポットへ！

福江島と中通島はバス路線が充実しているが、その他の島々はレンタカーやタクシー、レンタサイクルなどを利用するのが一般的。エコな電気自動車にも注目！

福江島の島内アクセス

福江港から対岸の玉之浦地区までは車で約1時間、島を1周すると約2時間。五島バスは住民向けだが、予約制の定期観光バスを運行。タクシーの観光案内プランもある。周辺の島々へは、海上タクシーが運航している。

レンタカー info.

池田レンタカー	電 (0959)74-1133	MAP	P.58C2
入江レンタカー	電 (0959)72-7535	MAP	P.58A3
恵比寿レンタカー	電 (0959)72-6100	MAP	P.58B1
カースタレンタカー	電 (0959)75-0797	MAP	折り込み①D2
観光レンタカー	電 (0959)72-8788	MAP	P.58C2
軽自動車レンタカー椿	電 (0959)74-1800	MAP	折り込み①D2
ごとう屋レンタカー	電 (C959)88-9500	MAP	折り込み①D2
五島レンタカー	電 (0959)72-5015	MAP	P.58C2
スマイルレンタカー	電 (0959)72-8366	MAP	折り込み①D3
チャンスレンタカー	電 (0959)72-2415	MAP	P.58C2
トヨタレンタリース福江店	電 (0959)72-7048	MAP	P.58A3
日産レンタカー福江港ターミナル店	電 (0959)72-5175	MAP	P.58C2
ニッポンレンタカー	電 0120-510-947	MAP	P.58B2
ラインレンタカー	電 (0959)88-9795	MAP	折り込み①D2

レンタバイク info.

池田レンタカー	電 (0959)74-1133	MAP	P.58C2
入江レンタカー	電 (0959)72-7535	MAP	P.58A3
観光レンタカー	電 (0959)72-8788	MAP	P.58C2

レンタサイクル info.

観光レンタカー	電 (0959)72-8788	MAP	P.58C2
五島市観光協会	電 (0959)72-2963	MAP	P.58C2
さんさん富江キャンプ村	電 (0959)86-2920	MAP	折り込み①C4
武家屋敷通りふるさと館	電 (0959)72-2083	MAP	P.58B3

バス info.

五島バス観光課　電 (0959)72-2173

タクシー info.

大波止タクシー	電 (0959)72-2854
五島タクシー	電 (0959)72-2171
西海タクシー	電 (0959)72-5131
ばらもんタクシー	電 (0959)82-0032
三井楽タクシー	電 (0959)84-3136

海上タクシー info.

▶福江・奈留　海上タクシー五島
　電 (0959)74-1010
　海上タクシーむさし
　電 (0959)73-0566
▶奥浦　久栄丸海上タクシー
　電 (0959)73-0232
▶糀島　瀬渡・海上タクシー増栄丸
　電 (0959)78-2269

久賀島の島内アクセス

田ノ浦港から車で、五島市役所久賀島出張所まで約10分。さらに東部の旧五輪教会の入口まで約40分。レンタカーやタクシーの台数には限りがあるので、来島する前に予約しておくこと。バスは島民向けのマイクロバスのみ。

レンタカー info.

久賀島レンタカー　電 (0959)77-2008　MAP P.71B2

バス info.

久賀タクシー　電 (0959)77-2008

タクシー info.

久賀タクシー　電 (0959)77-2008

海上タクシー info.

▶浜脇　久賀海上タクシー長久丸
　電 (0959)77-2228

奈留島の島内アクセス

奈留港から、島の中心部を通って宮の浜海水浴場まで徒歩1時間程度。レンタカーを利用すれば、宮の浜海水浴場まで約10分、江上天主堂まで約20分。路線バスは島民向けだが、宮の浜海水浴場や江上天主堂へ1日4～5便が運行。

レンタカー info.

奈留レンタカー	電 (0959)64-2148	MAP	P.74B2
奈留島港レンタカー	電 (0959)64-2168	MAP	P.74B3

レンタサイクル info.

奈留レンタカー　電 (0959)64-2148　MAP P.74B2

バス info.

奈留バス　電 (0959)64-3171

タクシー info.

奈留タクシー	電 (0959)64-2101
丸浜タクシー	電 (0959)64-3171

海上タクシー info.

▶奈留　奈留海上タクシー　電 (0959)64-2673

中通島の島内アクセス

島東部の有川港から車で、西の青方港まで約15分、南の奈良尾港まで約50分、北端の津和崎地区まで約1時間。西肥バスが中通島全域を網羅しているものの、便数が少ないので注意。タクシー会社が予約制で観光案内を行っている。

レンタカー info.
有川オートレンタカー ☎ (0959)42-2817 MAP P.90C2
有川レンタカー ☎ (0959)42-0042 MAP P.90B2
GO島レンタカー ☎ (0959)42-0191 MAP 折り込み③C4
トヨタレンタリース有川店 ☎ (0959)53-0100 MAP P.90B2
トヨタレンタリース奈良尾店 ☎ (0959)44-1200 MAP 折り込み③B6
奈良尾レンタカー ☎ (0959)44-0364 MAP 折り込み③B6
ニコニコレンタカー新上五島店 ☎ (0959)55-2656 MAP 折り込み③C2
ホテルマリンピアレンタカー ☎ (0959)42-2424 MAP P.90A3
宮崎自動車レンタカー ☎ (0959)54-1515 MAP 折り込み③B4
レンタル・アンド・リース浦 ☎ (0959)52-2088 MAP 折り込み③B4

レンタサイクル info.
新上五島町観光物産協会 ☎ (0959)42-0964 MAP P.90C2
Hotel und Kitchen GOTO BASE ☎ 090-8663-9760 MAP P.90A3

バス info.
西肥自動車上五島営業所 ☎ (0959)52-2015
上五島観光交通 ☎ (0959)42-5008

タクシー info.
美鈴観光タクシー ☎ (0959)44-1797
有川タクシー ☎ (0959)42-0256
共和タクシー ☎ (0959)52-2175

若松島の島内アクセス

中通島から若松大橋を渡ってアクセスできるので、中通島の奈良尾港周辺などでレンタカーを借りるのが便利。宿や飲食店は橋を渡ってすぐの若松港周辺か、さらに10分ほどの土井ノ浦教会方面に点在。西肥バスが乗り入れているが島民向け。

バス info.
西肥自動車上五島営業所 ☎ (0959)52-2015

タクシー info.
若松タクシー ☎ (0959)46-2121

小値賀島の島内アクセス

宿泊施設や飲食店が集まる中心地は港から徒歩10分程度。島内は平坦なのでレンタサイクルでも十分に観光が可能。車を利用すれば、主要スポットを巡りながら2時間ほどで島を1周できる。路線バスは1日6～8便で日曜運休。

レンタカー info.
小値賀自動車整備工場 ☎ (0959)56-2175 MAP 折り込み②B2
福崎モータース ☎ (0959)56-2464 MAP 折り込み②B2

レンタサイクル info.
おぢかアイランドツーリズム ☎ (0959)56-2646 MAP P.99C3

バス info.
小値賀交通 ☎ (0959)56-2003

海上タクシー info.
▶野崎島・大島・納島 小値賀町役場産業振興課
☎ (0959)56-3111

宇久島の島内アクセス

島1周は、車でゆっくり走って1時間30分程度が目安。平港のターミナルに併設する観光協会の窓口で電動アシスト付き自転車を借りれば、中心地から島の外周の見どころを網羅できる。路線バスは島民向けなので観光には適さない。

レンタカー info.
アーバンレンタカー ☎ 080-3227-5279
宇久交通 ☎ (0959)57-2132 MAP P.104C2

レンタサイクル info.
宇久町観光協会案内所 ☎ (0959)57-3935 MAP P.104C3
ヤマサキリンエイ ☎ (0959)57-2828 MAP P.104C2

バス info.
宇久観光バス ☎ (0959)57-2020

タクシー info.
宇久交通 ☎ (0959)57-2132

電気自動車でエコドライブ！

五島列島はエコの島。多くのレンタカー会社で電気自動車を貸し出しており、主要エリアに急速充電器が完備されている。場所は観光案内所やレンタカー会社で配布されるパンフレットをチェック。充電カードはレンタカー料金に含まれるか、急速充電1回につき500円程度が目安。走行可能距離は30分の充電で80kmほど。エアコンの使用や坂道の走行は消費電力が多くなるので、充電が少ないときは注意を。

①急速充電器の前に電気自動車を停車。レンタカー会社で配布された充電カードをセンサーにかざす。

②充電器に書かれた手順を確認し、電気自動車の充電プラグに給電コネクタをセットする。

③ボタンを押して充電スタート。充電量などが表示される。時間や走行距離に合わせた操作を。

VOICE 電気自動車の走行距離はフル充電で最大100km前後なので、遠出する場合はどこかで充電が必要。急速充電器のほかにも、宿泊施設などに普通充電器が設置されている。ただし急速充電1回につき20～30分かかるため、繁忙期には充電待ちの列ができることもある。計画的な行動を！

福江島・中通島のおもな宿泊施設リスト

五島ステイのメインとなる、五島市の福江島と新上五島町の中通島の宿泊施設をピックアップ。
ここで紹介している以外の宿泊施設は、福江島→ P.68 ～、中通島→ P.94 ～をチェック！

※そのほかの離島の宿泊情報は、久賀島→ P.73、奈留島→ P.77、若松島→ P.98、小値賀島→ P.103、宇久島→ P.107 をご覧ください。

◆ 福江島

福江

ゲストハウスカナン MAP P.58A2 住 五島市幸町 7-1
電 (0959)88-9600 料 素 3000 円～ 客室数 2 室

コンドミニアムホテル ライトハウス MAP 折り込み① D2 住 五島市久木町 204-6 電 (0959)76-3111 料 素 4400 円～ 客室数 8 室

コンネホテル MAP P.58B2 住 五島市中央町 6-19
電 (0959)75-0800 料 素 4235 円～・朝 5035 円～ 客室数 64 室

島の宿 ごとう屋 MAP 折り込み① D2 住 五島市吉久木町 699-3
電 (0959)88-9569 料 素 4400 円～・朝 5280 円～ 客室数 7 室

ビジネス五島ホテル MAP P.58B1 住 五島市江川町 5-15
電 (0959)72-7858 料 素 5000 円～・朝夕 6940 円～ 客室数 16 室

ビジネスホテルアイランド MAP P.58B2 住 五島市中央町 1-15
電 (0959)72-2600 料 素 5000円～・朝夕 5700円～ 客室数 17室

ビジネスホテルいりえ荘 MAP 折り込み① D2 住 五島市吉久木町 691-1 電 (0959)72-7435 料 素 5400 円～・朝 6200 円～ 客室数 23 室

ビジネスホテルさくら MAP P.58B2 住 五島市栄町 9-14
電 (0959)72-7227 料 素 5500 円～・朝 6300 円～ 客室数 24 室

ビジネスホテルサンコー MAP P.58C2 住 五島市東浜 1-7-10
電 (0959)72-6511 料 素 3500 円～・朝 4000 円～ 客室数 10 室

ビジネスホテル旅の宿 MAP P.58B2 住 五島市栄町 8-5
電 (0959)74-5641 料 素 3000 円～ 客室数 8 室

ビジネスホテルファイブ・テン MAP 折り込み① D2 住 五島市籠淵町 2367-2 電 (0959)72-7652 料 素 4500 円～ 客室数 6 室

ビジネスホテル三国 MAP P.58B2 住 五島市栄町 9-2
電 (0959)72-2860 料 素 4800 円～ 客室数 17 室

ビジネスホテルラウンドイン MAP P.58A2 住 五島市末広町 2-18
電 (0959)72-5722 料 素 3800 円～ 客室数 7 室

ビハーラ五島 MAP 折り込み① D2 住 五島市上大津町 412-5
電 (0959)74-2444 料 素 5000 円～・朝夕 7000 円～ 客室数 4 室

福松楼 MAP 折り込み① D2 住 五島市木場町 516-6
電 (0959) 72-5515 料 朝夕 6500 円～ 客室数 4 室

ペンションゴンハウス MAP 折り込み① D3 住 五島市上大津町 1271-4 電 (0959)74-6295 料 素 4000円～・朝夕 6500円～ 客室数 5 室

ホテル上乃家 MAP P.58A2 住 五島市末広町 7-7
電 (0959)72-2465 料 朝夕 9680 円～ 客室数 20 室

民宿かんこう MAP P.58C2 住 五島市東浜町 1-21-9
電 (0959)72-8788 料 素 4750 円～ 客室数 10 室

民宿五島 MAP P.58C2 住 五島市東浜町 1-13-13
電 (0959)72-5911 料 朝夕 6300 円～ 客室数 5 室

民宿坂の上 MAP 折り込み① D3 住 五島市上大津 1076-1
電 (0959)72-5418 料 素 4320 円～・朝夕 6500 円～ 客室数 8 室

民宿さきや MAP P.58B3 住 五島市武家屋敷 2-4-7
電 (0959)72-3163 料 素 3500 円～・朝夕 6500 円～ 客室数 5 室

民宿師瑞 MAP P.58C3 住 五島市紺屋町 2-21 電 080-8950-9910
料 素 3800 円～・朝夕 6500 円～ 客室数 5 室

民宿よしかわ MAP 折り込み① C1 住 五島市戸岐町 1174
電 090-5087-7366 料 素 3000 円～ 一戸建てコテージ

旅館にしき荘 MAP P.58A2 住 五島市錦町 3-1
電 (0959)72-3667 料 素 3000 円～・朝夕 5000 円～ 客室数 9 室

三井楽

五島三井楽サンセットユースホステル MAP 折り込み① B2
住 五島市三井楽町濱ノ畔 493 電 (0959)84-3151
料 素 3500 円～・朝夕 5520 円～ 客室数 15 室

民宿 久保 MAP 折り込み① B2 住 五島市三井楽町濱ノ畔 1059
電 (0959)84-2970 料 素 4300 円～・朝夕 6500 円～ 客室数 5 室

民宿 登屋 MAP 折り込み① B2 住 五島市三井楽町濱ノ畔 1014
電 (0959)84-2079 料 素 4000 円～・朝夕 6500 円～ 客室数 5 室

玉之浦

民宿たまのうら MAP 折り込み① A3
住 五島市玉之浦町玉之浦 734-7 電 (0959)87-2206
料 朝夕 6300 円～ 客室数 9 室

民宿はまべ MAP 折り込み① B4 住 五島市玉之浦町大宝 1083
電 (0959)87-2458 料 朝夕 6500 円～ 客室数 5 室

民宿みやこ MAP 折り込み① B3 住 五島市玉之浦町荒川 262
電 (0959)88-2239 料 素 3500 円～・朝夕 7000 円～ 客室数 5 室

岐宿

民宿魚津ヶ崎荘 MAP 折り込み① C2 住 五島市岐宿町岐宿
1605-4 電 (0959)82-0517 料 朝 6000 円～ 客室数 5 室

富江

民宿としまる MAP 折り込み① C3 住 五島市富江町富江 357-97
電 (0959)86-1151 料 素 4400 円～ 客室数 14 室

◆ 中通島

有川

有川ビーチホテル浦 MAP P.90C2 住 南松浦郡新上五島町有川郷
574 電 (0959)42-0003 料 朝夕 9900 円～ 客室数 17 室

auberge nanami MAP P.90A2
住 南松浦郡新上五島町有川郷茂串 2426-16 電 (0959)42-5242
料 朝夕 1 万 8700 円～ 客室数 1 室

時愉亭 MAP P.90A2 住 南松浦郡新上五島町有川郷 2399-2
電 050-3704-5515 料 素 4800 円～ 客室数 4 室

ビジネスホテルカメリア MAP P.90B2
住 南松浦郡新上五島町有川郷 2597-1 電 (0959)42-0143
料 素 5000 円～・朝 5500 円～ 客室数 9 室

Hostel und Kitchen GOTO BASE MAP P.90A3
住 南松浦郡新上五島町七目郷 1018-1 電 090-8663-9760
料 素 3300 円～ 客室数 2 室

和風ペンション し喜 MAP P.90C2
住 南松浦郡新上五島町有川郷 700-1 電 (0959)42-2465
料 素 4840 円～・朝 5500 円～・朝夕 7040 円～ 客室数 22 室

上五島

ゲストハウス哲丸 MAP 折り込み③ B3 住 南松浦郡新上五島町
網上郷 647-16 電 090-2519-7730 料 素 3500 円～ 客室数 2 室

栄旅館 MAP 折り込み④ 住 南松浦郡新上五島町青方郷 1338
電 (0959)52-2022 料 朝夕 8400円～ 客室数 13 室

素泊まりの宿 しらはま MAP 折り込み④ 住 南松浦郡新上五島
町青方郷 2336-1 電 (0959)42-5999 料 素 4800 円～ 客室数 5 室

永田旅館 MAP 折り込み④ 住 南松浦郡新上五島町青方郷 1119
電 (0959)52-2055 料 朝夕 9000 円～ 客室数 6 室

前田旅館 MAP 折り込み④ 住 南松浦郡新上五島町青方郷 1364
電 (0959)52-2112 料 朝夕 9900 円～ 客室数 9 室

民宿 あしたば荘 MAP 折り込み③ B4 住 南松浦郡新上五島町相河
郷 1052-18 電 (0959)52-3214 料 朝夕 7000 円～ 客室数 7 室

民宿 クロスの島 MAP 折り込み③ B4
住 南松浦郡新上五島町青方郷 513-11 電 (0959)52-3582
料 素 4000 円～・朝夕 6600 円～ 客室数 5 室

民宿 こより MAP 折り込み③ B4 住 南松浦郡新上五島町青方郷
1821-1 電 (0959)52-8440 料 朝夕 6000 円～ 客室数 14 室

新魚目

いづみや旅館 MAP 折り込み③ C3 住 南松浦郡新上五島町小串郷
394 電 (0959)55-2007 料 素 3850 円～・朝夕 7150 円～ 客室数 3 室

寛ぎの宿小串 MAP 折り込み③ C3 住 南松浦郡新上五島町小串郷
109-8 電 (0959)43-8067 料 朝夕 1 万 5000 円～ 客室数 2 室

民宿 さつま屋 MAP 折り込み③ C4 住 南松浦郡新上五島町浦桑
1319 電 (0959)54-2883 料 朝夕 6600 円～ 客室数 5 室

ラ・メールヴィラ魚竹 MAP 折り込み③ C3 住 南松浦郡新上五島町榎
津郷43 電 (0959)54-1039 料 朝夕 6900円～ 客室数 8 室

旅館 三光荘 MAP 折り込み③ C3 住 南松浦郡新上五島町榎津郷
72 電 (0959)54-1123 料 朝夕 6600 円～ 客室数 5 室

奈良尾

つたや旅館 MAP 折り込み③ B6 住 南松浦郡新上五島町奈良尾
郷 374 電 (0959)44-0007 料 朝夕 8800 円～ 客室数 8 室

民宿あらた MAP 折り込み③ B6 住 南松浦郡新上五島町奈良尾
郷 798-1 電 (0959)44-0378 料 朝夕 6600 円～ 客室数 17 室

福江島の「魚津ヶ崎公園キャンプ場・バンガロー」「さんさん富江キャンプ村」、中通島の「有川青少年旅行村」「しんうおのめふ
れ愛らんど・バンガロー」は海に面したキャンプ場。中通島の「高井旅海水浴場ログハウス・コテージ」ではロッジに泊まれる。

観光案内所活用術

島の過ごし方、遊び方ならおまかせ！

地図やパンフレットなど、島の情報が豊富な観光案内所。
上手に活用すれば、五島の旅がグッと楽しく快適になる！

活用術◇1
港のターミナルビルをチェック

　船でのアクセスがメインとなる五島列島は、島内移動の起点も港。到着したら、まずは港のターミナルビルで観光案内所を探し、パンフレットや島の情報を手に入れよう。五島へ渡る前でも、長崎港をはじめ佐世保港や博多港でパンフレットや地図など島の情報が手に入る。

長崎港のチケットカウンター近くには五島の島々パンフレットが並ぶ

活用術◇2
地図とパンフレットをゲット

　観光案内所には、島内の見どころマップや人気観光スポットのガイドなど、パンフレットがたくさん置いてある。無料で配布されているので、本誌とあわせて利用しよう。目的施設の営業時間や、電気自動車の急速充電器の場所は要チェック。持ち帰って旅の記念にしたくなる！

町歩きや教会ガイドなど役立つ情報がいっぱい

活用術◇3
宿泊や遊びの案内もバッチリ

　知りたいことがあれば、カウンターのスタッフに相談しよう。予算や目的を伝えれば、宿やアクティビティの紹介もしてもらえる。旅行前に問い合わせて、滞在先や過ごし方について情報を得るのも一案。島の人しか知らない、超穴場スポットやこだわりの飲食店を教えてもらえるかも!?

人気アクティビティのグラスボート。案内所で情報をゲット

活用術◇4
おみやげだって購入できる

　大型のみやげ物店が少ない五島。旅行者のために、ほとんどの観光案内所がみやげ物店を併設している。島ならではのレアなご当地みやげがあるので、ぜひチェックしてみて。特に人気なのは椿油や五島うどん、アゴだし、海産物などの名産品。高価な深海サンゴのアクセサリーは旅の思い出に。

帰り際におみやげを買うなら、ターミナル内の観光案内所へ

島の情報をゲット！ 五島の観光案内所

▶ 福江島　五島市観光協会

　福江港ターミナル1階にある観光案内窓口。同ターミナル内のみやげ物店は品揃えも充実。施設内には飲食店もある。

MAP P.58C2　交 福江港ターミナル内　住 五島市東浜町2-3-1
電 (0959)72-2963　時 8:30～17:00　休 なし　駐車場 あり

▶ 奈留島　奈留インフォメーションセンター

MAP P.74B3　交 奈留ターミナル内　住 五島市奈留町泊133-21　電 (0959)64-3383　時 7:30～´6:30
休 なし　駐車場 あり

▶ 小値賀島　おぢかアイランドツーリズム

MAP P.99C3　交 小値賀港ターミナル内　住 北松浦郡小値賀町笛吹郷2791-13
電 (0959)56-2646
時 9:00～18:00
休 なし　駐車場 あり

▶ 中通島　有川観光情報センター

　有川港ターミナル内。おみやげの販売を行っているほか、五島における捕鯨の歴史を知る鯨賓館ミュージアムを併設。

MAP P.90B2　交 有川港ターミナル内　住 南松浦郡新上五島町有川郷578-48　電 (0959)42-3236　時 8:30～17:00　休 なし　駐車場 あり

▶ 中通島　奈良尾観光情報センター

　奈良尾港ターミナルにある観光案内所。おみやげを販売しているほか、五島の海の写真や映像を紹介している。

MAP 折り込み③B6　交 奈良尾港ターミナル内　住 南松浦郡新上五島町奈良尾郷728　電 (0959)44-0944　時 8:00～12:00、13:00～17:00　休 荒天時　駐車場 あり

▶ 宇久島　宇久町観光協会案内所

MAP P.104C3　交 平港ターミナル内　住 佐世保市宇久町平2524-23　電 (0959)57-3935　時 8:30～17:30
休 なし　駐車場 あり

voice　教会巡りをするなら、観光協会で教会について詳しいハンドブックを入手しよう。各教会の歴史はもちろん、ステンドグラスや内装の工夫など見落としがちなチェックポイントが紹介されているので、たくさんの発見や感動があるはず。

さくいん

地球の歩き方
JAPAN
島旅 01

五島列島 GOTO

STAFF

Producer	保理江ゆり
Editors & Writers	高井章太郎（アトール）、三浦淳
Photographer	松島正二
Designer	坂部陽子（エメ龍夢）
Maps	千住大輔（アルト・ディークラフト）
Proofreading	トップキャット
Printing Direction	中山和宜

Special Thanks	長崎県、長崎県五島市役所、新上五島町観光商工課、 NPO 法人おぢかアイランドツーリズム協会、宇久町観光協会

地球の歩き方JAPAN 島旅 01　五島列島 3訂版
2015 年 4 月 24 日　初版第 1 刷発行
2021 年 4 月 13 日　3 訂版第 1 刷発行

著 作 編 集	地球の歩き方編集室
発行人・編集人	新井邦弘
発 行 所	株式会社地球の歩き方 〒 141-8425　東京都品川区西五反田 2-11-8
発 売 元	株式会社学研プラス 〒 141-8415　東京都品川区西五反田 2-11-8
印 刷 製 本	株式会社ダイヤモンド・グラフィック社

※本書は基本的に 2020 年 11 月の取材データに基づいて作られています。
　発行後に料金、営業時間、定休日などが変更になる場合がありますのでご了承ください。
　更新・訂正情報：https://book.arukikata.co.jp/support/

本書の内容について、ご意見・ご感想はこちらまで
〒 141-8425　東京都品川区西五反田 2-11-8
株式会社地球の歩き方
地球の歩き方サービスデスク「島旅　五島列島編」投稿係
URL ▶ https://www.arukikata.co.jp/guidebook/toukou.html
地球の歩き方ホームページ（海外・国内旅行の総合情報）
URL ▶ https://www.arukikata.co.jp/

ガイドブック『地球の歩き方』公式サイト
URL ▶ https://www.arukikata.co.jp/guidebook

●この本に関する各種お問い合わせ先
・在庫については　Tel 03-6431-1250（販売部）
・不良品（乱丁、落丁）については　Tel 0570-000577
　学研業務センター　〒 354-0045　埼玉県入間郡三芳町上富 279-1
・上記以外のお問い合わせは　Tel 0570-056-710（学研グループ総合案内）

学研の書籍・雑誌についての新刊情報・詳細情報は、下記をご覧ください。
学研出版サイト　https://hon.gakken.jp/